课十讲

管建刚～著

家常课十讲

海峡出版发行集团
福建教育出版社

图书在版编目（CIP）数据

家常课十讲/管建刚著. 一福州：福建教育出版社，2022.1（2025.8重印）
ISBN 978-7-5334-8933-5

Ⅰ.①家… Ⅱ.①管… Ⅲ.①小学语文课－教学改革－研究 Ⅳ.①G623.202

中国版本图书馆CIP数据核字（2021）第237970号

Jiachangke Shi Jiang

家常课十讲

管建刚　著

出版发行	福建教育出版社
	（福州市梦山路27号　邮编：350025　网址：www.fep.com.cn
	编辑部电话：0591-83779615　83726908
	发行部电话：0591-83721876　87115073　010-62024258）
出 版 人	江金辉
印　　刷	福州报业鸿升印刷有限责任公司
	（福州市仓山区建新镇建新北路151号　邮编：350082）
开　　本	710毫米×1000毫米　1/16
印　　张	12
字　　数	160千字
插　　页	3
版　　次	2022年1月第1版　2025年8月第7次印刷
书　　号	ISBN 978-7-5334-8933-5
定　　价	35.00元

如发现本书印装质量问题，请向本社出版科（电话：0591-83726019）调换。

目　录

序一　把时间还给学生的课堂什么样 / 汪瑞林 … 1
序二　我遭遇了熟悉而陌生的语文课 / 谈永康 … 8

第一讲　什么是家常课

第一节　家常课的特点 … 1
第二节　家常课与公开课 … 4
第三节　家常课与教育现状 … 8
第四节　家常课"四化" … 13

第二讲　习课堂是什么

第一节　习课堂：不开小差 … 18
第二节　习课堂：有效训练 … 24
第三节　习课堂：任务驱动 … 29
第四节　习课堂：消灭后进生 … 31

第三讲　习课堂任务单

第一节　任务单：四个任务 … 34
第二节　任务单：第一课时 … 35
第三节　任务单：第二课时 … 38
第四节　任务单：读讲义 … 41
第五节　任务单：四个阶段 … 44
　附　六上《月光曲》教师版任务单 … 47

第四讲　习课堂的"读"

第一节　习课堂：读什么 … 55
第二节　习课堂：怎么读 … 56
第三节　习课堂：读的动力 … 60
第四节　习课堂：朗读误区 … 62
第五节　习课堂：拓展阅读 … 66

第五讲　习课堂的"写"

第一节　习课堂：作业习惯 … 69
第二节　习课堂：作业正确率 … 72
第三节　习课堂：思维训练 … 78
第四节　习课堂：教师工作 … 79

第六讲　习课堂时间管理

第一节　习课堂：效率公式 … 84
第二节　习课堂：时间驱动 … 86

第三节　习课堂：教师时间 … 88
第四节　习课堂：学生时间 … 95
第五节　习课堂：后进生时间 … 99

第七讲　习课堂课堂管理

第一节　习课堂主导说 … 101
第二节　习课堂管理说 … 103
第三节　习课堂激励说 … 111
第四节　习课堂示范说 … 115
第五节　习课堂亲和力 … 117

第八讲　习课堂课例

第一节　习课堂：第一课时实录 … 120
第二节　习课堂：第二课时实录 … 127
第三节　习课堂：评课要点 … 136
第四节　习课堂：第三阶段 … 139

第九讲　习课堂答疑

第一节　习课堂：淡化"说" … 146
第二节　习课堂：人文关怀 … 148
第三节　习课堂：优等生 … 151
第四节　习课堂：学生个性 … 154
第五节　习课堂：教师专业发展 … 155

第十讲　习课堂教学管理

第一节　习课堂管理误区 ⋯ 159
第二节　习课堂备课管理 ⋯ 161
第三节　习课堂走课管理 ⋯ 163
第四节　任务单讲评管理 ⋯ 166
第五节　习课堂作业生态 ⋯ 169
第六节　习课堂研课管理 ⋯ 170

后记　回家 ⋯ 173

序一

把时间还给学生的课堂什么样

读课文，读词语——"跟老师读""男同学读""女同学读""几句话连起来读"……

抄写词语，当堂听写——"跟老师一起写""小身板挺起来""现在听写词语"……

读段落，完成课文内容的思维导图，完成课文内容的拓展练习……

这是苏州市吴江经济技术开发区长安实验小学三年级语文《海滨小城》一课的主要教学环节。这是一堂普普通通的课，也是长安实验小学家常课改革的一个微切面。

与之前听过的很多课不同，记者的直观感受是课堂上教师惜字如金，讲的时间很少，听课记录本上没写下多少东西，但是课堂简洁明快，节奏感很强，学生和老师都没闲着。

家常课教学改革的主导者管建刚是全国知名的特级教师，他的作文教学在语文界享有盛誉，去全国各地上过很多研讨课、示范课，其精巧的教学设计和精妙的课堂讲解令无数教师折服。但是一些人慕名前去观摩学习管建刚的家常课，却有些失落或不解：那个激情四射、妙语连珠的管建刚不见了，课堂没有导入的铺陈，没有优美的总结，没有衔接的设计，没有精彩的活动，课上70%的时间都还给学生读、背、写了。一次，一批教师来听课，管建刚发现很多人坐在教室后面不停地刷手机，他说："辛苦大家听了两节无聊的课，你们看手机的时间比听课的时间还多。"

后来，一些教师告诉管建刚："您的示范课讲得很好，但是我们学不来。"但是，看了以学生的读、背、写为主的家常课改革，一些教师告诉他："这样的课我也能上！"

这话让管建刚确信，家常课改革的路子走对了！

家常课改革的由来

是什么让已经功成名就的管建刚想去搞语文家常课教学改革？一直以来，有四个问题让管建刚迷惑不解：

为什么学生带回家的作业那么多？——学生做作业做到9点10点是常态，有的孩子写到11点甚至更晚，预习、背诵、默写、课后习题、配套练习册，看起来这些作业还都是必要的。

为什么总是有那么多后进生？——不管哪篇课文，总有一些学生读不通顺，更别说背诵了，默写10个词语，错4个、5个是常事。

为什么课堂上总有不少学生开小差？——老师点名让某个学生读，其他学生开小差了；老师提问某个学生，其他学生走神了；老师关注这个学习小组，其他小组把讨论当聊天了……

为什么作业不少学习成绩却难提高？优质学校用的教辅材料，普通学校也明里暗里用了；学生刷的题都差不多，量也不少，但是考试成绩却相差一大截。

经过长期的观察和思考，管建刚找到了症结所在：家庭作业多，是因为课堂上老师讲得太多，学生绝大部分时间都在听老师讲，作业都留到回家做了；后进生多，是因为课堂不抓基础，很多基础知识把关的任务交给了家长，而很多家长并不具备应有的素养，甚至没有相应的时间和精力；课堂上开小差的学生多，是因为学生没有必须由自己独立完成的任务，学生都在吃大锅饭；作业都做了但成绩没起色，是因为学生作业的情境不真实，"教练"不在场，缺乏同伴和鼓励，很多作业无信度、无实效。

管建刚告诉记者，家常课的核心理念和改革途径，就是突出学生主体地位，课堂上教师讲授时间不超过30％，70％的时间还给学生；课堂遵循"零起点教学"原则，从最基础的字词句和课文朗读背诵做起，能在课堂上完成的学习任务决不带回家；将学习任务分解到"读、写、背"的不同环节，用闹钟分割时间，让每一个学生每一分钟都在课堂上忙碌起来，提高课堂效率；发挥好教师的主导作用，学生的当堂练习有情境、有伙伴、有"教练"、有激励、有反馈。

"家常课删繁就简，回归语文教学最初的质朴状态，以基本的教学规范保证了课堂教学的质量和效率，学生回家做的作业少了，休息的时间多了，减负的目的达到了，同时学生的成绩也稳步提高，回应了'办老百姓满意的教育'的基本诉求。"长安实验小学校长钮云华说。

家常课的教学样态

"走进课堂，像是走进了一个纪律严明的学习部队，安静、有序，每个人都有自己的收获，这种收获是自己习得的，而不是老师给的……"河北省承德市隆化县十八里汰希望小学的商燕老师在亲身感受过管建刚的家常课课堂后这样感叹。

把时间还给学生后，课堂教学如何开展，怎么把时间充分利用好？管建刚和他的团队设计了三个课堂工具。

第一个是"习"的工具——家常课任务单。记者见到的任务单，不是散页式的，而是根据课文顺序，每学期一本装订成册。据了解，这些任务单，是管建刚带领一批骨干教师放弃寒暑假休息时间，参考统编教材的课后习题，以及北京、上海、江苏、浙江等省市小学语文配套练习册，夜以继日、孜孜矻矻研发出来的。每篇课文的每一课时"读"的任务、"背"的任务以及要完成的刚需作业（抄写、默写、课后习题、配套练习册的习题），在任务单上列得清清楚楚。这些任务还按照语言学习的规律，根据儿童的身心特点作了有序的安排。记者发现，每一课时的任务单都有四项任务，正好对应课堂上"读—习—读—习"四个环节，学生的口与手交替练习，从读词、读句到读段落，从识字、跟写到听写，再到分析文章结构、写作手法、理解应用，完成思维导图和相关习题，思维层次由浅入深。一节课，学生完成任务单的质量，就是自己这堂课上学习的质量。有了任务单，学生就知道自己"学"得怎么样、"习"得怎么样。有了这个任务单，教师也知道这堂课自己的教学任务完成得怎么样，任务单让课堂教学变得简单、朴素，易于使用和检测。

　　第二个是"时间"工具——闹钟。在课堂上，教室前方的屏幕上，在学生开展某些学习任务时，上面就会显示一个时钟进行倒计时，时间到响铃提醒。课堂上每一个任务都有设定，四个任务的总时间正好 40 分钟。如，第一课时"任务一"的"读"为 10 分钟，一般每个学生"读"的时间为 7 分钟，还有 3 分钟读词语以及老师评价和管理；第一课时"任务二"的"习"为 12 分钟，老师示范写字 1 分钟，抄写词语和选择字音 7 分钟，默写词语 2 分钟，还有 2 分钟留给老师评价和管理……课堂上每一节课要使用闹钟 5—8 次，闹钟可以设计在课件的 PPT 里，黑板上还配有临时要用的实物闹钟。任务三和任务四的作业时间各为 8 分钟，学生就跟时间赛跑，提前完成学习任务的学生可以背诵奖励题。管建刚解释，这样对时间进行细分，就是让教师和学生意识到时间的宝贵，从而提高课堂教学效率，提高学生学习效率。

　　第三个是"管理"工具——课堂管理口号、课堂管理手势、课堂管理印章和课堂管理 Q 币。课堂怎样才能做到忙而不乱、杂而有序？高效的课堂需要纪律保障，而良好的课堂纪律需要依靠一定的"管理"工具。"时间到，全放好""闹钟不停、朗读不止""作业不看书，看书不作业""书本，斜斜放"，这些口号引导学生的行为，课堂整齐干净；学生自由读课文时，读一遍伸出一根手指，读两遍伸出两根手指，谁读了几遍一目了然……学生课堂表现好可以获得印章和Q币，集满一定数量的印章或Q币可以换"免做回家作业券""免批评券"等。有了这些工具，课堂纪律自然就好了，课堂管理就不用靠"吼"了。

有了这三样工具，常态课的课堂样态不一样了，每一堂课目标明确，学生忙碌而充实：忙着读，读词语、读句子、读课文、读奖励题；忙着写，写生字、写词语、写重点笔记；忙着想，梳理课文内容、完成思维导图和相关习题。每个人都有自己的任务，每个任务都有时间规定。一名学生在作文里写道："以前老师上语文课就像催眠曲，让我想睡觉，闲着；现在的语文课，我们没时间睡觉，忙着。"

家常课上教师何为

家常课改革把大部分时间交给学生，学生忙着读、写、习，教师何为？教师岂不是没事可干了？

非也！

"课堂的主体是学生，但是课堂的主导者是教师。"管建刚说，"就家常课而言，教师的主导作用体现在两个方面，一是出学习任务，这个主要体现在前期研制家常课任务单上，二是课堂上的组织、管理、激励和示范。"

苏州市吴江经济技术开发区花港迎春小学的朱敏彦老师在实践家常课改革。她认为这样的家常课解放了教师：把教师从繁冗的教学设计中解放出来，他们的眼里、脑子里只有学生，有更多时间关注每个学生，并能当场给予一对一的指导；把教师从一遍遍无效的催促中解放出来，教师专注于组织和管理，使用各种课堂管理工具和激励方法，让学生心甘情愿沉浸在读、写、背中；把教师从无数讲解和批改中解放出来，大量的时间留给学生"习"，大部分学生已经掌握的知识，教师不必再讲，而是变集中讲解为有针对性的指导。

解放出来的教师并没有闲着，而是更忙了。管建刚对家常课教师的要求是"管住嘴、迈开腿"——"管住嘴"即教师少讲精讲，把时间留给学生去"习"；"迈开腿"即教师在教室里要多走动，关注每一个学生的学习状态和学习任务完成情况，及时给予指导和激励。

一课时40分钟的家常课上，教师差不多始终处于"战斗"状态：他们从前排到后排，从左边到右边，在学生间来往穿梭，忙着发出各种学习指令，忙着答疑示范，忙着盖章激励，忙着现场批阅作业。而课后学生不忙了，教师依然忙，他们要收齐学生的学习任务单再次批阅，分析学生的集中错误，整理错题，择时集中讲解。

"所有看起来轻而易举的事，背后都是无数心血的凝结，而一堂课的干净利落，则是教师掌握全局的结果。"商燕老师在听课记录本上写道。

重庆市万州区电报路小学张登慧老师在观摩围绕以"习"为主的家常课改革后感叹道："这样的课堂是极简与极忙的和谐统一，教学结构极简，教学思路极简，教师行为极简，评价激励极简，但是课堂上学生和教师又极忙，关键是，学生忙了学生该忙的，教师忙了教师该忙的！"

长安实验小学推行家常课改革两年多，教师们感觉课堂纪律好了，学生作业速度快了，学习状态紧了，学习成绩也提升了。家长感觉课后作业少了，学习负担轻了，孩子的学习习惯好了。最近，钮云华校长挨个听了一遍2020年新入职教师的语文课，结果让他大感意外，没想到他们在短短两三个月的时间内就能站稳讲台，课堂规范而有效。

目前，全国已有江苏、河北、河南、吉林、湖南、湖北、福建、安徽、山东等18个省份的教师慕名通过网络或到校学习借鉴长安实验小学的家常课改革经验，跟着一起实践。

"教是为了不教。学生在教室里、在老师眼皮底下自己学、自己习，慢慢地，不在教室里、不在老师眼皮底下，他们也能自己学、自己习了。"管建刚说。据了解，长安实验小学还将尝试高年段学生自己设计家常课任务单，教师用学生设计的任务单来上课。学习小组还可以用自己的任务单来给全班同学上课。

中国教育报记者：汪瑞林

2021 年 1 月 4 日

序二

我遭遇了熟悉而陌生的语文课

建刚以十年磨一剑的精神与意志，成长为小语界的一个现象级人物。2007年他首创"我的作文教学革命"，2015年他倡导"指向写作的阅读课"，都在小语界掀起"惊涛骇浪"。我有机会外出开会、学习、培训、讲学，会场之内，说起"管建刚"，无人不知。更让人高兴的是，说管老师最起劲的往往是一线教师，这些教师，往往不分地域、无论西东，即使是较为偏僻的山区，也有建刚的拥趸，他们一路追随，只为"管老师的东西好学、有效"。

近十年来，建刚陆续上过很多精彩的作文课和阅读课，它们都带给语文老师们耳目一新之感，既有新理念的冲击，又有新方法的启迪……然而说实话，于我并无多少陌生感。但是，听他新近的习课堂，我不单看到了一个有点陌生的建刚，同时扑面而来的是一种从未看到过的语文课。

这是怎样的一种语文课呢？

学习活动一

读书。

上课了。没想到学生一上来就读了那么多。

先是读题目和作者，然后是3分钟自由读课文，管老师的要求很简单：

"注音的字词反复读，不会读的问老师。"时间到，学生停下，管老师开始表扬："刘青扬自由读的声音响亮，流利。熊美琳一开始读的声音很轻，后来越来越响！周祖睿遇到不会读的马上问，点赞。"

接下来读词语，管老师出示词语，学生自由读1分钟。读完词语，读长句子。管老师用PPT出示了课文中的两个长句子。管老师示范读，学生跟读，学生读好了停顿，管老师又提了新要求："再快百分之十，听我读。"老师示范后，学生再读，进步了。

读了这么多，总该结束了吧？出乎意料，管老师又让学生读课文，他说："这次读课文，要求：多字、漏字、疙瘩的地方，多读几遍！"这一次，学生又读了2分钟。教室里一片琅琅书声，学生读书的劲头像声音一样，越来越响亮。闹钟响了，学生似乎很有点不舍。

学生忙着读书，管老师忙着迈开腿。现在他又开始表扬："邹宇阳读完一遍，马上读第二遍。这个小不点叫严守煜航，你看他坐在第一排，读书比个子高的读得都好。"

语文课上，朗读并不少见，但是，10分钟时间每一个学生都读了8分多钟，真是闻所未闻、见所未见。

学习活动二

写字与听写。

学生居然抄写了9分钟。

管老师有简单的"武器"——闹钟。前面自由读用闹钟，现在写字也用闹钟。每一个学习任务都会出现倒计时，时间到，读书要停下，写字要停下，作业没做完也要停下。管老师一按鼠标，屏幕出示9分钟倒计时，秒钟"嗒嗒嗒"地走了起来。学生们眨巴着眼睛，100分的好奇，开始安安静静地写字。

我在一线教书 13 年，在教研室从事教研 16 年，不要说中高年级了，就是低年级，语文老师在课堂拿出几分钟给学生写字的，也实在不多。

这个环节用了 12 分钟。另 3 分钟，管老师选了两个字"幼""嗅"进行教学，还是读和示范，管老师带着学生读写字口诀，再示范。

乍看，这里的教学不出新，其实管老师抓住这两个生字的共性，提炼了"穿插"的书写知识，可谓精准指导。

学生写字，管老师忙着巡视，观察学生任务单书写情况，随时点评学生，引导学生又快又好地完成。同时提醒完成任务单的学生出声背诵奖励题。做题期间，学生书写认真有序，背诵奖励题的声音此起彼伏。其间，陈芝彤、陶思睿等 9 位同学被老师点名表扬，理由各个不同，有的是"又快又好"，有的是"卷面干净"，有的是"已经抄完两行了"……

让人大吃一惊的还在后头。学生写了 9 分钟后，管老师要落实"一边抄一边记"，方法就是当堂听写，共听写四个词"身躯、掩护、庞大、愣住"，每次报两个。

当堂听写，管老师的这一教学方法（环节）太有教育学意义了。其间的道理、价值不用我赘述。每学一篇课文，都要当堂写字、当堂听写。

熟悉的是写字，陌生的是时间如此充足，陌生的是居然当堂听写。这是我从教以来从未听过的语文课。

学习活动三

熟读。

听写词语后，管老师又安排了朗读课文，又是 12 分钟。这一次读与前面"任务一"的读略有不同，一是读的内容除了课文，增加了四个关键句；二是读的要求提高了，比如同样的 2 分钟读课文，在前面的基础上提升为"正确、流利、不拖调"。在自由读、齐读后，强调了四个关键句的朗读。自由读、齐读，同一个时间每一个学生都在读，老师随时叫停随时范读。

听课到此，我耳边回响的除了读书声，还有习课堂管理口号。请听——

师：任务单放旁边。说停笔！

生：就停笔！

师：说坐正！

生：就坐正！

师：说——拿书！

生：就——拿书！

师：这次读课文，要求：正确、流利、不拖调。

师：时间2分钟，时间——不到！

生：读书——不停！

师：2分钟，开始！（屏幕出示2分钟倒计时，学生自由朗读，教师巡视观察）

（2分钟时间到，闹钟响起）

师：时间到，说坐正！

生：就坐正！

师：检测大家的时候到了，说拿书！

生：就拿书！

师：我们齐读第一、二、三自然段。

这些口号很简单。但是课堂上，管老师领读，学生跟读，看似一板一眼，读的过程、方法却各有巧妙——

有时，一边读一边做动作。比如，管老师说"说拿书"，学生一齐说"就拿书"，同时需要拿起桌上讲义，学生一开始有点手忙脚乱，练了几次就熟练了。

有时，变着花样读，很好玩。比如，老师说"时间不到"，学生齐说"读书不停"；老师变化节奏，说"时间——不到"，学生很聪明，大声接道"读书——不停"；老师继续换花样，说"时——间——不——到"，学生心领神会，仍大声接"读——书——不——停"。

课堂管理口号贯穿于整节课，学生像训练有素的学习的部队。很奇怪，四年级的学生竟然兴奋于课堂管理口号，他们越对越响亮，越对越熟练，越对越兴趣盎然。熟悉的是读书声，陌生的是嘹亮、好玩、有效的管理口号。

学习活动四

当堂做题。

学生用时5分钟，要求不看书。两道题目指向的都是整体感知：一个以思维导图的形式呈现课文主要内容。另一个要求学生完成填空，概括全文。尽管学生读了好多遍课文，但要独立完成题目，还是有一定难度的。他们在紧张地思索着。

管老师在巡视中表扬"严守煜航都做对了""我要看看邹宇阳，不错"……先完成的学生出声背诵奖励题，这已是一些学生第二次背诵奖励题了（第一次是在任务二）。习课堂，课上的每一分钟都有效利用起来的课堂。

时间到，闹钟响起。管老师：说——放——好！生：就——放——好！

管老师说：刚才周子灿说自己会背了，高光时刻来了。说看周子灿——

生喊：就看周子灿！

周子灿背出了奖励题，全班学生掌声四起。

课马上要结束了，管老师夸了两个孩子。一个是熊美琳，这节课上这位同学的朗读进步大，从不通顺到很流利。另一个是张祖睿，"张祖睿主动问了我两个问题！"学生又鼓掌。管老师同时要求："张祖睿的写字速度也是数一数二的，期待张祖睿的字再漂亮些！"

不陌生的是做题，陌生的是当堂完成了那么多的学习任务，陌生的是老师一句又一句、具体到学生名字和行为的表扬。

建刚的"习课堂"，为什么会给人熟悉的陌生感呢？

因为数十年来，我们习惯了看教师，看热闹，关注教的方法、教的艺术、教的效果；习惯了教师语言的精彩、设计的精巧、应变的精妙；习惯了少数学生读得好、说得好、写得好。

建刚的习课堂，学生的学习活动还是朗读、识字、写字、背诵、做题等，但是变化的是时间，朗读的时间、识字的时间、写字的时间、背诵的时间、做题的时间……都大大增加了！粗粗估计，这堂 40 分钟的课，每一个学生都参与的读课文、读段落、读句子、读字词、抄写、默写、答题的时间竟然长达 32 分钟，占了课堂时间的 80%！

学生拥有了时间，才能成为自己的主人，成为学习的主人，成为课堂的主人。

那么，这么多的时间来自哪里？用建刚的话来说，就是"管住嘴"，教师少讲精讲，把时间留给学生读、背、写，从而形成了简洁的课堂结构：读＋写＋读＋写。

习课堂的课堂结构极简，教学思路极简，教师行为极简，课堂上的学生、教师又极忙。学生忙了学生该忙的，教师忙了教师该忙的！每一堂课目标明确，学生忙碌而充实：忙着读，读词语、读句子、读课文、读奖励题；忙着写，写生字、写词语、写重点笔记；忙着想，梳理课文内容、完成思维导图和相关习题。每个人都有自己的任务，每个任务都有时间规定。老师呢，从前排到后排，从左边到右边，在学生间来往穿梭，忙着发出各种学习指令，忙着答疑，忙着示范，忙着激励。

这是多少人的共识：中小学语文课，本质是学习运用母语的实践活动，需要学生大量读、识、写……当这天大的关于学的道理、规律，突然"落地"在建刚的习课堂里，听惯了"怎么教"的我们怎能不感到"陌生"！

然而，"陌生"的"习课堂"不过是返璞归真，是遵循语文学习规律之举，是符合学生身心特点之行。一句话，让语文学习"回家"，让课堂"回家"，回到学生的怀抱！

建刚的起点在村小，他看到中国最大多数的老师、学生。他的实践往往具有强大的革命性。从作文教学革命起，他就关注当下，着眼每一个学生，现在他的"习课堂"，100%的学生"刚需作业不出课堂"，用课堂改革的方式实现"双减"通知的"书面作业基本不出校门"。

"习课堂感觉特别快！"这是所有学生面对管老师的共同答案，因为这堂课他们人人有事做，而且时时有事做。下课了，一个个男生跑着去喝水，我拦住一个男孩询问，答曰："习课堂，我读得口干舌燥！"

上海市特级教师：谈永康
2021年金秋

第一讲　什么是家常课

第一节　家常课的特点

家常课有五个关键词：

（一）"每一节"。教学质量的提升，靠每一天每一节踏踏实实的家常课。家常课的功效不在于一节课，而在于每一节课。不是每一节都这么上的课，不叫家常课。如，每一节课都用家常课任务单，每一节课都用闹钟管理课堂时间，每一节课都"管住嘴、迈开腿"，每一节都用课堂管理口令、课堂管理印章、课堂管理手势，那才是家常课。有的老师开课，板书提前写在小卡片上，我问她是不是每一节都这么提前准备的？为激励学生买了奖品，我问她是不是每一节课都这么准备的？有人来听课才这么做的，那不是家常课。看一天课外书谁都做得到，天天看课外书，数十年如一日，那叫学富五车。一次光盘谁都做得到，天天光盘，数年如一日，那叫素质。家常课像妈妈做的家常菜，没什么砸不砸的。烧焦了，烧糊了，那是妈妈忙，一心多用，家常课是工作，一心一意，不会烧焦也没有糊不糊的。

（二）"自己班"。家常课，用自己的班上课比借班的成效好。自己的班，上了一天又一天，对学生了如指掌，哪些学生认真，可以少管，哪些学生浮躁，要多管。哪些学生可以放手，哪些学生要多盯着点。哪个学生即使读得没感情也要表扬，因为他以前连连贯都做不到；哪个学生作业速度即使很快也不表扬，因为对他的要求是字迹工整。借班所谓的"了解学情"只是个大概判断。家常课，要用的课堂管理口令，自己班早有约定；要用的课堂管理手势，自己班早有默契；要用的课堂激励印章，自己班学生知道。印章可以换Q币，Q币可以兑换各种各样的奖品，如购买免批评券，购买自选同桌券，购买烘焙坊门票等。自己班的学生知道印章不只是印章，后面有一系列的兑换活动，同样盖一个章，自己班的学生的积极性跟借班的不一样。家常课的关键词是"家"，一个班级就像一个家，彼此**熟悉，彼此约定，有规则，有流程**。程序是有效的保障，有效是学习热情的保障。无效的课谁会有兴趣和热情呢？

（三）"每一个"。教育的问题不是理念的问题，而是常识有没有落到实处。教育时常"说过了等于做过了""说到了等于做到了"。课堂不是尖子生的，课堂不是老师跟几个积极主动的学生唱一台戏。课堂是每一个学生的。教学目标不是老师自己讲过了、教过了，就算达成了。教学目标要落在每一个学生身上，每一个学生完成好一个又一个的学习任务，老师的教学目标才算达成了。绝不能看到10个积极主动的学生完成了学习任务，就以为全体学生都完成了。"关注每一个"、管理"每一个"、要求"每一个"，这才是家常课。家常课为什么以自由读、齐读为主？关注每一个，每一个都在读。家常课为什么要变口头提问为书面提问？关注每一个，每一个都在答。

（四）"基础"。小学阶段是基础教育阶段。小学阶段是"打基础"的阶段。当堂读熟课文、当堂背出课文、当堂抄写默写、当堂完成课后习题、当堂完成配套练习册，这些刚需的学习任务就是"基础"。"基础"就是"刚需"。"基础"抓在手里的老师就是踏踏实实上好家常课的老师，"基础"打得扎扎实实的老师就是对学生长远负责的老师。"基础"打好了，后面只管往上盖楼房。一线老师永远跟不上考题变化的速度，你要"不变应万变"，找到那个"不变"的。什么是不变的？不管什么拳，都要练基本功，腿功、腰功、臂力、掌力。基本功扎实了，学什么拳都快。基本功扎实了，哪怕不会什么拳，打架也吃不了多少亏。课堂要练好基本功，夯实基础。基础好了的班级，考试没有差的。基础包含基本知识和基本能力，家常课定义的基础是习惯。习惯即基础。家常课，培养和训练学生学习习惯的课堂。训练学生专心读书的习惯、专心答题的习惯、专心背书的习惯、用好零碎时间的习惯、一边抄一边记的习惯、一边读一边记的习惯、又快又好的作业习惯……这些习惯培养好了，不怕考试。一天又一天、一节又一节的家常课，放的是长线，习惯是最长的线。尖子生到了一班，依然是尖子生，到了二班还是尖子生，到了三班也还是尖子生。尖子生"尖"在哪里？基础，习惯。基础好了，习惯好了，不管到哪里，都能笑傲江湖。教育的花样太多了，多到眼花缭乱，朴素的才是永恒的。基础和习惯就是朴素而永恒的。

（五）"学得会"。家常课就是妈妈的家常菜，没有太多的佐料，不讲什么刀功，也不讲什么花式，家常菜吃得惯，吃得饱。"给我任务单，习课堂我也能天天上。"听到这样的话特别高兴。家常课追求有效，追求学得会，每一个老师都学得会、每一天都能用得出。二三十年来教师培训不可谓不重视，教育现状却没多大好转，人民群众对教育的不满情绪越来越厉害。为什么？培训效果不好。是培训课程不精彩吗？太好了，太完美了，太精彩了，精彩到一辈子都学不会。学不会的培训本质上不叫培训。学得会的学习才是真学习，学得会的培训才是真培训。老师要教在学生的最近发展区域。教师培训也应该"训"在老师的最近发展区域。不少培训要理念有理念，要掌声有掌声，要笑声有笑声，要哭声有哭声，要煽情有煽情，要人文有人文，什么都有了，什么都好了，优点千万条，缺点只一条——学不会！听着心动回家不动，那就糟了。家常课，每一个语文老师想学都能学会的课，较短时间内能学会的课，而不是要花五年十年才能学会的课。

第二节　家常课与公开课

不少老师认为公开课以外的日常课都叫家常课，自己上的就是家常课。对于绝大多数的老师来讲，日常所上的课都不是家常课，而是打了折的公开课。一个师范生在教材教法上学的课例是公开课还是家常课？当然是公开课。年轻人踏上教师岗位接受培训，听的是公开课还是家常课？当然是公开课。每次吃进去的都是公开课，那么吐出来的会是什么？公开课，打了折的公开课。有的打了五六折，有的打了两三折。一线教书近30年，上了近1000节公开课，我不能不说，家常课和公开课有很大的不同。公开课要的是理想和理念，家常课要的是当下和现实；公开课要的是鲜花和掌声，家常课要的是柴米油盐酱醋茶。家常课和公开课至少有八个不同。

（一）**对象不同**。家常课的授课对象只有学生。公开课的授课对象除了学生还有听课老师。写作的最大技巧叫"读者意识"；讲座的最大技巧叫"听众意识"；讲课的最大技巧叫"受众意识"。有公开课教学经验的老师，脑子里不只是学生，他们知道这句话是讲给学生听的，那句话是讲给听课老师听的，所以，公开课上学生听了没有多少的反应，倒是听课老师开怀大笑。听课老师笑了，学生也跟着笑。听课老师笑了，会场顿时轻松起来，学生也得到了放松。没有上百次的公开课锤炼，其中的奥秘很难领会，更不可能掌握。公开课的舞台就那么多，95%以上的老师都不可能有那么多机会。每一天的家常课才是每一位一线老师要面对的。

（二）**目的不同**。家常课的目的是人，是知识和能力，是作业和考试。家常课推开门要解决柴米油盐酱醋茶。哪个语文老师不希望学生独立完成作业？哪个语文老师不希望自己的学生考试成绩芝麻开花节节高？家常课首先要解决温饱问题。**理想要有，但是理想不能当面包吃。理想当面包吃你会饿死在当下。**公开课不用管纪律，不用管作业，不用管考试。借班上作文课，这个班期末考试的作文成绩跟我没有半毛钱关系。公开课不管柴米油盐酱醋茶，公开课只管展示全新的解读、全新的理念。公开课不解决学生的默写词语，不解决背诵课文，不解决配套练习册。公开课，学生都做了最充分的预习，课文读熟了，资料查好了。公开课，台下那么多老师那么多双眼睛帮你管纪律。公开课，带班老师多少都交代学生要积极发言，这不只是代表我们班，还代表我们学校。公开课要变着花样玩，不同的文体要用不同的教法，不同的情感要用不同的教法，这些都没错，却是90%以上的老师一辈子都做不到的。

（三）**准备不同**。社会只看到教师的寒暑假，只看到语文老师课程表上的几节课，不知道课程表之外老师有大量的琐事要做。一个班级50个学生的课堂作业批改，一个班级50个学生的回家作业批改，一个班级50个学生的周记批改，一个班级50个学生的订正要抓……要带学生晨读，要带学生出操，要带学生吃饭，要带学生值日，要组织班级活动，要参加教研活动，要参加教学培训——出去培训那天的课务第二天要补回来，要申报课题，要教学反思……语文老师大多是班主任的命，每天要处理50个娃的鸡飞狗跳，安全教育、健康教育、心理教育，每天忙得连上厕所都要掂量掂量。哪天不用多掂量了，那是忙得水都忘了喝。家常课，每天有30分钟定下心来读读课文、看看现成的教案，那老师不错。公开课呢，仓促一点，给三个星期准备；充分一点，给三个月准备。试教了一两次，学校领导指导一两次，区县专家指导一两次，改了一回又一回，全校的平行班上光了，到别的学校去上。

（四）**场地不同**。家常课在熟悉的教室里，熟悉的过道，熟悉的课桌，熟悉的电脑，熟悉的汗水味。坐在熟悉的教室里，哪怕有人听课，学生也不会怎么紧张，教室是他们的地盘嘛。公开课在报告厅、在未来教室、在多媒体教室。一切都是陌生的。到了陌生的场地，学生会好奇，会有新鲜感，会分散注意力，还会有不安全感。有的学生莫名地兴奋，有的莫名地紧张，忘了带笔，忘了带尺，忘了带书。老师要去熟悉多媒体设备，课件是否兼容，音视频是否能播放，黑板擦有没有，粉笔在哪里……要板书，发现没粉笔；写错了，发现没黑板擦——几个细节也会影响公开课的发挥。对了，公开课还讲临场发挥。

（五）**心态不同**。家常课，学生家常心，老师家常心。公开课，听课老师比上课学生还多，紧张啊。马上要上课了，上课老师说要去上厕所。不是真的内急，而是紧张所致。公开课，老师不能紧张，还要能谈笑风生，紧张的学生也跟着不紧张，这个本领很重要。家常课，这个重要的本领根本无用武之地。

（六）**评价不同**。家常课好不好，看学生。公开课好不好，不只看学生，要看听课老师，要看专家评委。专家评委们的评价意见比学生的实际感受更重要。专家评委个个见多识广，《卖火柴的小女孩》听过10遍了，《十六年前的回忆》听过12遍了，公开课要让专家评委眼前一亮。家常课，学生第一次上三年级、第一次上四年级、第一次上《卖火柴的小女孩》，第一次上《十六年前的回忆》，只要不炒冷饭，学生都说新鲜。

（七）**执教者不同**。家常课，每一个老师每一天都要上的课，执教者是全体老师。公开课，执教者是少部分冒尖老师。经常上公开课的，少部分冒尖老师里的冒尖老师。公开课，少部分老师才有机会掌握的特殊本领，它带来光荣和光环。80%的一线老师一辈子都没什么上公开课的机会，也不需要。家常课，每一个老师都要有的基本职业能力。

（八）关注点不同。公开课面向积极主动的学生，有10个学生经常发言，有3个学生发言还很出彩，多么成功的公开课。公开课天生带有"秀"的成分。家常课面对所有学生，每一个学生都完成学习任务才算是扎实的课。公开课关注20%的"两头"，一头是优等生，他们能展示课堂的高度；一头是后进生，他们能展示课堂的"看得见的进步"。家常课，更多关注中间的80%。孔子说唯上知与下愚不移。一个班级10%左右的属于"上知"，10%左右的属于"下愚"。10%的"上知"叫"学霸"，10%的"下愚"叫"学渣"，学霸不是老师教出来的，学渣也不是老师耽误出来的。"上知"和"下愚"的中间，庞大的80%叫"中等生"，教学行为发生在"80%"的中等生，收益最大。老子说，"上士闻道，勤而行之；中士闻道，若存若亡；下士闻道，大笑之"。"下士"好比"学渣"，他根本不信，还笑你胡说八道。"上士"好比"学霸"，几乎不用教，学霸只要听到那句话、那个道理，就会"勤而行之"，这个道理可能是爸爸讲的，可能是妈妈讲的，可能是老师讲的，可能是哪本书、哪部电影讲的。最具有不确定因素的是"中士"，他们"若存若亡"，好像听到了，又好像没有听到，有的时候听到了，有的时候又没有听到，好像"行之"了，又好像"没有行之"，有的时候"行之"了，有的时候又"没有行之"。"若存若亡"的人属于中间派、动摇派。好比选举，铁粉不用管，肯定支持你；黑粉也不用瞎操心，花再多口水也争取不了一两个；要争取中间派、动摇派。家常课，教师不应该花很多时间去探讨10%的"上士"才听得懂的深奥问题，也不用花很多时间去解决10%的"下士"的粗浅问题。学习任务的确定以"80%"的"中士"为基本盘。提高教学质量要抓基本面。我们经常把80%以上的时间和精力花在20%的"上士"和"下士"身上，把面广量大的最有可塑性的"中士"给耽误了。公开课好比概念机，很好，很完美，然而无法量产；家常课好比千元机，外观普通，功能普通，唯一的优点是老百姓都用得起。

第三节　家常课与教育现状

公开课要不要？要。人不能没有未来，不能没有理想。然而，也不能把未来和理想当现实，理想不能解决面包问题。家常课面向当下，面向现实。家常课的迫切性、必要性在于——

（一）**中国教育处于社会主义初级阶段**。教育当然要有面向未来的共产主义理想，我们要为理想而奋斗。为理想奋斗不是用未来的完美标准来衡量当下的教育，这会导致脱离实际，导致教育浮夸。为理想奋斗，恰恰要认清当下的教育问题，脚踏实地，今天解决一点点，明天解决一点点，后天解决一点点。要理想不要空想。什么是理想？什么是空想？理想就是你走了一年，跟目标靠近了；走了两年，更近了；走了三年五年，能看见理想的真面貌了……什么是空想？你走了一年，理想还是在远方；走了两年，理想还是在远方；走了三年五年，理想依然在看不见的远方……一步一步在靠近的叫理想，总是那么远的那叫空想。"让每个孩子得到最好的发展，让每个家庭享有最大的幸福"，"让每个孩子爱上教育，爱上生活"，"关注每一个孩子，关爱每一个心灵"，"快乐的校园，幸福的校园，自由的校园"，"发展每一个孩子的个性特长，培育每一个孩子的创新能力"，这些挂在学校墙上的理念都是对的，对到什么程度呢？再也想不出比这更好的程度。为这句话，我们要用几代人来奋斗，而不是当下就用这句话来衡量。就像我们的经济成为世界第二大经济实体，是靠改革开放40多年，一年一年，一步一步走出来的，而不是1978年就用今天的标准来衡量。二三十年来听了不少很理想很完美的公开课，学生很开心、很"嗨"、很动情，然而中国教育的生态却并没有向好多少。学生的压力越来越大了，老师的压力越来越大了，家长的压力越来越大了，学校的压力越来越大了，今天的小学毕业生的课业负担等同于10年前的初三学生了，今天的新初三学生的课业辅导等同于10年前的高三学生了。社会对教育的满意度越来越低，低到都不敢生孩子了。老老实实承认，我们还处在社会主义初级阶段，我们的教育也许还处在初级阶段的初级阶段，我们教育的步伐没有跟上经济增长的步伐。头上悬着的是理想，实现理想的方式却是务实。一小步一小步地走就是务实，一代人又一代人的努力就是务实。

（二）家校的主要矛盾依然是考试成绩和回家作业。 老百姓对教育的需求正像老百姓对美食的需求。有的要吃饱，有的要吃好，有的要性价比，有的要氛围，有的要档次，有的要实惠，有的要饮食文化。最基础的是吃饱。教育呢，有的要分数，有的要运动，有的要个性，有的要审美。刚需是考试成绩要好一点、回家作业要少一点。很少有家长投诉孩子运动太少，孩子审美不行，尽管这些问题肯定存在。大量的投诉和不满是孩子考试成绩为什么不好，学校有没有办法让孩子的成绩好起来？孩子回家了怎么还有这么多作业？我们的教育还处于社会主义初级阶段，还有不少没有解决的矛盾，矛盾不可能一下子都解决，要抓主要矛盾、核心矛盾。教育的主要矛盾、核心矛盾是考试成绩、回家作业。这也就是为什么中共中央办公厅、国务院办公厅针对学生作业联合发文讲回家作业。一所学校，作业减下来了，考试成绩没有降下去，家长最放不下的那颗心放下了。一所学校，回家作业少起来了，孩子回家有自己的时间了，可以有自己的空间了，可以有自己的发展了，家长也有自己的下班时间了，不用一回家就变身为作业教练，不用从单位的工作转为家庭教师的工作了，那就是今天的我们要去"够"的素质教育。家常课要抬头看看天空，但日常更多的是注意脚下的泥土，解决社会和教育的主要矛盾——考试成绩和回家作业。主要矛盾得到缓解了，其他矛盾就有时间和精力去面对和解决，不然，完美的口号只能永远停留在一垛垛美丽的墙上。"作业不出校门"，有人寄希望于晚托班，如此一来，晚托班就势必演变成强制而非自愿；有人寄希望于课间、午间的休息时间，如此一来，学生的校园生活生态将更加糟糕，甚至学生还会在副科上做作业。"作业不出校门"的最佳路径是"作业不出课堂"，语文作业基本在语文课上完成，数学作业基本在数学课上完成，英语作业基本在英语课上完成，作业检测教学、作业促进教学、作业反馈教学，作业和课堂教学不再是矛盾，不再是对立，而是相互促进，这才是实现"作业不出校门"持久之计。况且，抓考试跟人的发展不矛盾也不应矛盾。公务员考试、事业编考试、教师招考、医生招考，你能否上岗贡献自己的青春和力量，首先要过考试关。我们反对死抓成绩，死做作业。家常课的有效改革，在于务实，它牢牢抓住"一边读一边记的习惯""一边抄一边记写的习惯""作业有速度、有效率的习惯""抗干扰做事的习惯""有时间观念，使用好零碎时间的习惯""正确流利的读书习惯""充分课前准备的习惯"这7个习惯。抓习惯就是抓基础，抓基础就是抓基础教育，小学教育就是基础教育。好的生活，要旅游，要保养，要化妆，要养生，要健身。连温饱问题都没有解决，整天嚷着要旅游，要保养，要化妆，要养生，要健身，那就不好玩了。**家常课要老老实实、认认真真抓基础、抓教育的温饱。**

（三）教育的主力军是大量普通一线老师。一个地区的教育质量靠全区的普通一线老师。一个学校的教育质量靠全校的普通一线教师。面广量大的普通一线教师才是教育质量的主力军。"普通一线老师"的"普通"，既可以是教育教学水平的普通，也可以是"普通人"的普通。就前者来讲，教育质量的提升有赖于大量普通老师的教学效益的提升，大量普通老师每一天每一堂课的效率的提高。就后者来讲，老师也是普通人，有自己的家庭，有自己的孩子，有自己的圈子，有自己的喜怒哀乐。可以号召、提倡老师甘于奉献，但必须面对的现实是，大量普通一线老师大多把教育当作自己的职业，谋生的手段。大量的一线普通语文老师真的很普通，语文老师的字普通到不能再普通，语文老师的字比不上自己的学生也不是什么新闻。语文老师的朗读很普通，语文老师没有学生字正腔圆，语文老师没有学生声情并茂，也不是什么新闻。至于作文，大量一线普通语文老师自己已经很长时间没真正写过东西了。然而，一个地区的教育质量的提升非依靠普通老师不可。教育改革要开发的不是高高在上的阳春白雪，而是普通一线老师都能用得上用得起的下里巴人，农家菜、家常菜。普通老师希望你提供的东西有两个特点：性价比。不要付出很多的时间和精力，就能掌握和使用的教育教学干货。以"特级教师""学科带头人"那样的培养方式来期待一线普通老师，既不可能也不现实。一个学校一个地区的教师由大量的普通老师组成，这是谁也改变不了的现实。普通老师要的是每一天的日常教学，这不是一次性消费，而是天天要的货。天天要，要求品质稳定，每一节课能上出该有的效果，下一节课也能上出该有的效果，每一天的课都能上出该有的效果。而不是花很多时间、精力研发一节 90 分、95 分的公开课。家常课不好看，它只有 80 分，它的好处在于每一节都能上出 80 分。后面谈到的家常课表现形式——习课堂，团队开发了每一课的任务单，配套了每一课的 PPT，老师们拿来就能用。习课堂的每一节不会有出彩的 95 分，但每一节课都能有稳定的 80 分。习课堂不是要打造名师，而是要让面广量大的一线老师将原有的 68 分、70 分的课，提高到 80 分、81 分。把一线老师看作一线老师，把一线普通老师看作一线普通老师，为一线普通老师打造够得着的家常课，能进入一线普通老师最近发展区域的家常课。

（四）**教育的主体是大量普通家庭的普通孩子。**所谓的生源好，并不是学生特别聪明，而是学生成长的家庭环境好。环境的核心是"人"。大数据表明，两类家庭的孩子学习成绩明显优于别的家庭，一类是公务员家庭，一类是教师家庭。两类家庭的共同特点是收入稳定，工作时间稳定，节假日也稳定，家校配合比较流畅。老师说要读课文三遍，家长认认真真听了三遍，孩子读了三遍没读好的，还会要求读第四遍。老师要求家长检查孩子的回家作业，家长认认真真检查了，看到的问题还会圈出来，要求孩子思考、改正。整体来讲，这样的家庭只是一小部分。大量的一线普通家庭、一线普通家长不是这样的。中国有14亿人口，曹德旺说只有2亿人有消费力。为什么？大量的一线普通家长每天都活在房贷车贷中。大量普通家长活得有点累，下班回家希望丢下活儿，好好歇一会儿、放松一下。学校教育却要求很累的一线普通家长、没有教育学背景的一线普通家长，回到家后，专业地、敬业地教育孩子。大多数普通家长是敷衍的，检查作业是敷衍的，听读课文是敷衍的，听背课文也是敷衍的。孩子说课文读三遍了，爸爸签字。爸爸随手签了个字。孩子说作业做好了，爸爸签字。爸爸躺在沙发上随手画了押。大量的一线普通家长学历一般，对教育认识也许连一般都谈不上，对孩子的管教没有想法也没有方法。有的家长自己管不了孩子，他们满心的希望是：孩子终于上学了，终于可以交给老师了。结果呢，老师并没有他们想象的专业，家长搞不定的孩子，老师也搞不定。大量一线普通老师又把这个"皮球"踢回去了。这个家庭从此天下大乱，"混世小太子"终于彻底成为了"混世魔王"。大量一线普通老师遇到了问题学生，第一个想法就是去跟家长沟通，要求家长配合。基本思路错误了。熊孩子的背后是家庭教育出了问题。孩子的学习习惯生病了，家长治不好孩子的病，家长需要老师帮忙解决，就像孩子的身体生病了找医生帮忙解决。学生作业拖拉、不肯做作业，不肯读课文，不肯背课文，家长需要专业的老师专业地解决这些毛病，而不是老师去找家长告状，请求家长支援。教育要面对大量普通家庭的普通孩子，而不是要求普通家庭的家长和孩子去学习"非"普通家庭的家长和孩子。普通家庭的家长无法让孩子在家里预习读熟课文，无法让孩子在家里背诵课文，无法让孩子独立真实地完成回家作业。学校教育、课堂教学要面对这个现状，想办法解决它。

第四节　家常课"四化"

（一）**工具化**。烧饭要有烧饭的工具，吃饭要有吃饭的工具，砍树要有砍树的工具，种树要有种树的工具，种田要有种田的工具……有了工具，事半功倍，每次烧饭都可以用这个工具，每次吃饭都可以用这个工具，每次砍树都可以用这个工具，每次种树都可以用这个工具，每次种田都可以用这个工具。有了工具，不会干的人，实践几次也能基本胜任。课堂要有课堂的工具。家常课要有家常课的工具，而不是依靠教师的个人素养。依靠教师个人素养的课堂，某种意义上讲是一种不公平的教育，有学生遇到素养好的老师，也有学生遇到素养不好的老师。工具化，因个人素养造成的差距能大大缩小。我们的家常课改革有三个关键词，"习""时间""管理"。"习"的工具——任务单，开发了统编小学语文教材1—12册每一篇课文、每一个语文园地、每一个单元复习的任务单。"时间"的工具——闹钟，PPT里的电子闹钟，随手使用的实物小闹钟。真正拉开孩子之间差距的不是智商也不是情商，而是对时间的掌控。"管理"的工具——课堂管理口令、课堂管理手势、课堂管理印章、课堂管理Q币。我们的家常课改革，每一节都可以这么上，因为工具化。工具化后，课堂本身的力量大大增强了，人为的因素大大降低了。小学女老师多，国家鼓励生育二胎、三胎，怀孕了要保胎，生育了要产假。国家号召教师要轮岗，一轮岗就要换老师。家长们担心换老师，孩子短时间难以适应。工具化后，任务单还是那个任务单，闹钟还是那个闹钟，课堂管理口令还是那个课堂管理口令，课堂管理印章还是那个课堂管理印章，课堂管理Q币还是那个课堂管理Q币，只是换了一个老师，不适应症大大减缓。

（二）**程序化**。我们的家常课改革，任务一、任务二、任务三、任务四有相对应的课堂管理口令，任务一到任务二、任务二到任务三、任务三到任务四有相对应的课堂管理口令。课堂管理印章怎么兑换课堂管理Q币，课堂管理Q币怎么兑换各种班级商品，每周几可以兑换，都有程序。有人请我们上家常课，我们说想听哪个年级我们上哪个年级。我们不怕上任何一篇课文，家常课嘛。"读＋写＋读＋写"，分分钟你能熟悉到闭着眼睛都不会走错。"读课文＋读关键段＋读关键句"三步走，学生读不好老师说听我读，分分钟熟悉到不用看教案。课堂上，重要的不是教学设计、教学步骤，重要的是那个活生生的"人"，老师要腾出时间和精力去关注有情绪、有脾气、开小差、发会呆的"人"。目中时时看到每一个学生的老师才是真正的好老师。程序化不是让老师机械，而是解放老师，课堂程序越简单，教师操作起来越顺手，教师越解放，越能去关注学生。程序化会不会枯燥？开发程序很枯燥，然而，风趣幽默的程序员可以快乐整个办公室。枯燥不枯燥跟干什么没多大关系；枯燥不枯燥跟干活的人有关。比枯燥更可怕的叫无聊。有事情干，忙到连无聊的念头都来不及产生。课堂改革的每一个程序的后面都是学生读、写、背，都有满满的学习任务等着学生，一转眼就下课了。哪怕枯燥也比没事可干的无聊有价值。程序化，学生知道下一步该干什么，他们会有学习的安全感。校长每天都布置全新的、你都不知道的任务，你不会有安全感、踏实感。什么样的生活是平凡人的幸福？幸福的生活一定是踏实的生活。踏实的日子是知道明天是什么样的日子。什么样的课堂是踏实的？学生知道下一个环节要干什么，偶尔开了个小差，赶回来也知道大伙去了哪儿。日复一日的生活需要一点浪漫和惊喜，但不用太多。幸福生活的底色是平淡和踏实。学生熟悉了课堂学习的程序，知道了课堂学习的程序，课堂程序变成了学生的日常习惯。有一天，没有老师学生也知道拿着任务单自己学、自己习，这正是梦寐以求的"教是为了不教"。

（三）**数字化**。一堂课好不好，不能凭感觉，也不能专家说了算。中国那么大，专家能听几个老师的几节课呢？课堂好不好，老师要自己能测量，每上一节课都能自我评价、自我矫正。每次上完自己也不知道成效，一辈子的课都稀里糊涂的。家常课的数字化，体现在以下教师可以自测的数据上。**数字一：70%**。这里的"70%"有三个意思。首先是把"70%"的时间还给"每一位"学生。40分钟的课堂至少有28分钟还给学生读、背、写。并且，这28分钟是还给"每一位"学生，而不是还给个别的学生，即28分钟时间是"每一位"学生都在读、都在背、都在写，而不是还给A同学30秒，还给B同学40秒，还给C同学50秒……加起来的28分钟，不是。其次是一堂课下来，70%的学生都得到了老师课堂激励印章。这是按50人的班额计算的，即35人要得到习课堂的激励印章。班额是30、35，那应该是每个学生都得到老师的课堂激励印章。注意，一个学生得到三个激励印章，只能算一个学生，而不是三个学生。再次是70%的学生都跟老师有过亲密接触或亲密距离。50人的班级，即35人要得到老师的拍拍肩、摸摸头，或者老师蹲下身来，老师的脑袋跟学生的脑袋的距离在20厘米的亲密距离内。"亲其师，信其道"，"信其道"的前提是"亲其师"。要想让学生亲近你，课上你就要不断地跟学生有亲密接触、不断地跟学生进入亲密距离。六年级的男老师要适当注意跟女生的距离。好在小学老师基本上都是女老师，男老师少得连点缀都称不上。**数字二：80%**。80%的学生都当堂完成4个任务。这个80%是指带班的第一个学期，第二个学期应该是90%，第三个学期应该是95%。从一年级带起的班级，没有特殊学生，第三个学期的大多数任务单应该100%完成。第四个学期，大多数任务单学生完成了，还能多出一两分钟、两三分钟。这就是作业速度、课堂效率、课堂管理的见证。**数字三：500步**。一堂课老师要走500步以上。只有走了500步以上，才能确保70%的学生得到课堂激励印章，确保70%的学生跟老师有亲密距离、亲密接触。课堂纪律是课堂效率的重要保障；课堂管理是课堂纪律的重要保障。"脚步就是管理"，只有走下去才能发现问题，才有真管理。**数字四：30 句**。一节课老师要带领学生喊 30 句课堂管理口令。课堂管理口令是课堂管理的标配。任务一、任务二、任务三、任务四都要喊课堂管理口令。任务一到任务二、任务二到任务三、任务三到任务四、任务四到奖励题要喊课堂管理口令。任务二、任务四，学生做作业老师要时不时喊课堂管理口令。任务一和任务三，学生读书不专注了，也要喊课堂管理口令。课堂管理口令一次不是喊 1 遍，有时要喊 2 遍 3 遍（算 2 句、3 句）。师生间的课堂默契了，课堂管理口令可以适当减少，一般不要少于 20 句。喊的次数多了，太熟悉了，可以请学生一起来设计新的课堂管理口令，新鲜感就有了。课堂管理口令的创作也是一次有意思的作文小练笔。**数字五：10 句**。家常课强调课堂激励，课堂管理印章是激励，老师的表扬也是。课堂表扬有一个原则：表扬到具体的人的具体的行为。不能笼统地说"大家读得很好""大家写得很认真"。这个"大家"指哪几个人？"读得好"是好在哪里？哪一段还是哪一句读得好，好在哪里？是停顿好还是角色模拟好？这样具体到人以及人的具体行为的表扬，一节课要有 10 句。以上 5 个数字里，"70% 的时间还给学生"是前提，有了它，教师才有时间去给 70% 的学生盖激励章，才有时间去跟 70% 的学生亲密接触，也才能确保 80% 的学生当堂完成 4 个任务，教师也才能一堂课走满 500 步的管理路。

（四）**模块化**。没有参考资料，没有电脑和手机，备课 40 分钟后去上课，课堂成效糟糕的不是一两个，而是一大片。工厂需要工程师，更需要工人。工人不负责开发产品，工人只要按流程生产就可以了。不要期望每一个老师都能成为创新型的卓越老师，就像不要期望所有的学生都能上 985 高校。对于少数卓越老师来讲，模式会限制他；对于多数普通老师来讲，模式可以解救他。家常课面向的就是普通一线老师。事实上，任何一个成熟的老师都有自己的模式，自己知道或不知道罢了。无模式——有模式——超越模式，面广量大的一线老师一般只能在第二个阶段，永远进不了第三个阶段。就像"山是山水是水——山不是山水不是水——山还是山水还是水",90%的人最多能达到第二层境界。用第三层境界去要求90%一辈子只能达到第二层的人,要求的那个人痛苦,被要求的那个人更痛苦。

第二讲 习课堂是什么

第一节 习课堂：不开小差

一节课会有多少学生经常开小差？60％以上的学生。班上个别学生总开小差，那一定是学生的错。大多数学生总开小差，那一定不是学生的错，而是老师的错。个别老师的班级学生总开小差，那一定是老师的错。大多数老师的班级大多数学生总开小差，那一定不是老师的错，而是教学方式的错。来来来，看看语文老师经常用的教学方式有什么。

（一）**开火车读**。前面的同学读，后面的同学要认真听，不然轮到自己会出洋相。没轮到的确实会听，"火车"已经开过的呢？你说他们还能开什么？开小差。一个班50个学生，"火车"也不经常开一圈。西南角开起来的"火车"，东北角往往没什么事儿。火车从东北角开起来，西北角的学生一看，"火车"这辈子也开不到我这里，你说他们能干什么。有时，老师刚说"开火车读"，学生一看自己是第五个，找到第五个词语，只等前面的同学站起来、坐下去，他站起来一读，万事大吉。为什么带班累？搞不定学生。为什么搞不定学生？学生研究老师的时间、精力远胜于老师研究学生的时间、精力。老师要研究50个学生，学生重点突出，研究那一两个要对付的老师，比如语文老师兼班主任。老师有各种各样的杂事，学生却一心一意研究老师。后进生之所以后进，不是他们脑子缺根筋，而是他们的聪明才智不用在学习上。后进生的聪明才智都用在对付老师身上，怎么可以蒙混过关，怎么可以安全地开小差，怎么可以趁老师不注意抄作业。

（二）**指名朗读**。请小红读课文，你是不是希望其他同学认真听？小红读得好的要学一学，小红读得不好的要指出来。真这么想，那我要送你一个褒义词——天真。低年级的同学举手很积极，一旦你叫了小红读，其他小朋友就泄气了，心里一个劲儿问：为什么又没轮到我，为什么又没轮到我，为什么又没轮到我……想了十万个"为什么又没轮到我"，至于读的那个人，跟他没关系。高年级学生举手读书的本就比油腻大叔的头发还少。老师终于喊了小明读书，其他同学吁了一口气，终于没事了，注意力马上分散。听，从来不是个正事儿。老师们想出了一招"学生互评"，逼学生认真听伙伴读书。听了很多回"学生互评"，学生太有才了，一学生起立评价"读得很响亮"，又一学生起立评价"读得很流利"，再一学生起立评价"读得很有感情"，全是套路。老师很生气，问有没有地方可以改进的。天才的学生起立说"还可以再有一点点感情"。课堂时间对老师来讲是40分钟，对学生来讲不是。一个班级50个人，应该是50个40分钟，总计2000分钟。课堂时间对每一个学生都是40分钟。小红站起来读了2分钟，小红的2分钟有效使用了，还有49个人的2分钟有效了吗？有用了吗？课堂效益不是看站起来读的同学的2分钟，而是看没有站起来的49个同学的2分钟，这才是关键所在。习课堂没有指名读。习课堂90%以上用自由读、齐读、男生读女生划、女生读男生划，同一单位时间里，每一个学生都在用属于他的那一分钟、两分钟。有的老师质疑，没有指名读怎么知道学生读得好不好。公开课大多借班上课，哪个学生读得好，哪个学生读得不好，老师不知道，需要指名读了解。家常课，自己的班，哪个学生读书认真，哪个学生读书溜号，哪个学生读书疙疙瘩瘩，哪个学生流利顺畅，我们心里都有一本清清楚楚的账。学生自由读，我们走到小明身边，他读书不行，非要盯着点；学生齐读，我们走到小明身边，看他是不是滥竽充数。以往，课上一学生读，没读好老师还耐心指导了2分钟，哪怕学生真有进步了，这段时间其他49个学生的2分钟（即98分钟）去哪里了呢？

（三）一问一答。一堂课你会提多少个问题？10个？30个？60个？80个？结论：一堂课老师平均提问80个。不要不相信，光"好不好""是不是""对不对""可不可以""愿不愿意"都有20个。这也算问题？当然算。每一个问题占用的都是宝贵的课堂时间，占用课堂时间的行为怎么不算？也有老师说我的备课本上只有10个问题。是的，到了课堂，每一个问题都会分叉。就像一棵树，主干只有3个，3个主干上跑出了无数小枝儿。推门课，老师的问题基本都超过100个。朋友不信，几天后发来短信：昨天听了一节公开课，课堂提问82个；今天听了一节推门课，课堂提问140多个。老师提问，本意是希望全班同学认真思考，都在脑海里做出回答，一生作答，其他人在心里主动跟"回答"比较，有什么要反对或补充的。课上，老师有一个习惯性的动作，走到发言同学的身边。为什么？听清楚回答。声音洪亮、全班为之一振的少之又少，大多数学生轻而疙瘩、时断时续。一堂课提问80个，老师讲解、学生朗读，10分钟要吧？30分钟时间里80个问题，1分钟提3个问题，平均1个问题20秒，20秒内包括了老师提问，学生起立，学生回答，学生坐下。大多数情况，老师一抛出问题，马上"谁来回答"。夏天教室里开了吊扇，老师走到学生身边都听不太清楚说了什么。老师可以自由移动，听不清楚还可以"你再说一遍"，其他坐在四周的学生，不能移动，听不清楚也不能要求再说一遍。只能发个呆，开个小差。不少老师上课用"小蜜蜂"扩音器，一方面说明老师的"讲"泛滥成灾，讲得中气都不足了；另一方面，老师的话要用扩音器才能保证全体学生听到，临时起来回答的学生，伙伴们怎么听得清楚？习课堂没有口头提问，只有书面提问，要提的问题写入任务单，全班每一个学生都拿笔作答。**如果提问不重要，请删除；如果提问重要，请每个学生回答。**口头提问、口头回答，学生心知肚明，几十个人只要一人回答。时间久了，绝大多数学生不当正事儿。1个提问，1个学生回答，2个学生补充，1个学生小结，4个学生的回答加上老师的总结，3分钟时间要吧？3分钟里只有4个学生参与了，46位同学成了可有可无的旁观者。习课堂，变口头提问为书面提问，老师说"完成任务二第三题，3分钟"，3分钟里每一个学生都作答，并且，每一个学生都有完整的、不被打断的3分钟时间思考和回答。**思维的深度需要时间保障。**20秒走一个"问答"，能有多少思维训练的实效性？

（四）小组讨论。臭皮匠们如不齐心，这个臭皮匠会说你们商量商量，我去上个厕所；那个臭皮匠会说你们商量商量，我帮大家泡茶。一个和尚挑水喝，两个和尚抬水喝，三个和尚没水喝。小组讨论是舶来品。引进的东西一定要本土化。西方讲民主，大中华也讲民主。我们在"民主"后面加了三个字，对，民主集中制。"集中制"三个字非常重要。像美国那样民主，绝对没有今天的中国速度。中国十四五亿人口，美国的6倍。别小看了"6"，下个月工资奖金乘6？今天回家，楼上楼下6层都归你，是不是都不知道哪里吃饭、哪里睡觉了？小组讨论是个好东西，头脑风暴，碰撞激活灵感。然而，小组讨论有效的前提是小班额。一个班级20来个学生，分4个小组，老师往中间一站，每个小组的讨论状况尽收眼底。50个学生分成10来个讨论组，一片嗡嗡声中，哪分得清真讨论还是真聊天。老师跑到东南角，西北角不安分了；老师跑到西南角，东北角不安分了。小组讨论有效的第二个前提是，老师有极强的管控力。讨论活动宣布开始，各小组在老师管理下，有条不紊。具有如此课堂管控力的老师，一所学校不会超过10%。大量普通一线老师，最头疼的正是课堂管理，老按了葫芦起了瓢。4人小组的讨论，1个发言，1个假装在听，1个想听又听不见，还有1个后进生不知在干什么。12个组12个人同时发言，听不清楚是常态。大班额下的小组讨论，常常有计划无组织，有计划无纪律，半失控状态。我听到过一个经典的小组讨论。这边的学生对那边的学生说，你先说。那边的学生对这边的学生说，你先说。这边的学生说，上次是我先说的，这次你先说。那边的学生说，照你这么说，上上次是我先说的，这次你先说。等他们搞明白谁先说，老师的声音响起：大家讨论得差不多了吧，谁来说说看？小组讨论的前提，学生发自内心地想解决这个问题。实际情形是A小组说，我们不解决没事的，一会儿B小组解决就可以了。

以上四种课堂教学的常用方式，一学生"读"或"说"，其他学生无所事事。社会上无所事事的人多了，社会必然不安定。"无所事事"对应一个词叫"游手好闲"。除非，学生都能"专心听讲"。"专心听讲"四个字，一次次写进了《小学生守则》《小学生日常行为规范》。哪个孩子做到了"上课专心听讲"，学习成绩绝对好。常用的教学方式都以"专心听讲"为前提。开火车读，1个学生读，49个学生专心听。指名读课文，1个学生读，49个学生专心听。指名回答问题，1个学生回答，49个学生专心听。至于老师的讲解、分析，那更要学生"专心听讲"。没有了"专心听讲"，课堂效益几乎无从谈起。所以，家长告诫孩子"上课要专心听讲"，老师们告诫学生"上课要专心听讲"。不能不遗憾地说，不要拿"专心听讲"为难孩子了。你去听同年级普通一线老师的课，你能从头到尾专心听讲吗？一次又一次的教师会，你能从头到尾认真听讲吗？一次又一次的培训，你能确定自己不刷手机、不开小差吗？春节联欢晚会，你能从第一个节目认真观看到最后一个节目吗？99%的人都说怎么可能。我有六大理由证明大家应该从第一个节目认真观看到最后一个节目：①春晚的节目都是当年度最优秀的节目之一。②春晚的主持人都是最大腕的主持人。③春晚的导演都是最牛掰的导演。④春晚的声光电是最好的声光电。⑤春晚有最充足的资金保证。⑥春晚有最充足的排演时间。有人说，春晚再好也有我不喜欢的节目呀。语文数学英语体育美术计算机等等，那么多的功课，学生凭什么都喜欢你的语文？学生喜欢体育喜欢计算机喜欢综合实践超过语文的多了去，喜欢数学和英语超过语文的也多了去，数学和英语的学科平均分往往高过语文，小学生嘛，哪门功课考得好就喜欢哪门功课。有人说，春晚从 20:00 到第二天凌晨 1:00，5 个小时太长了。学生从第一节课到最后一节课，加上晚托班，远不止 5 小时。再说，一年一次的春晚你都受不了，学生可要一天又一天、一月又一月、一年又一年地看你的"春晚"。又有多少老师有底气说，我的常态课有春晚的十分之一"好看"呢？你想以一节又一节或风趣或感人的课吸引学生？我要坦白，我以一个走南闯北上了近千节公开课、具有 30 年教龄的老教师身份坦白：我做不到。那些上了一次又一次的课文，那些任课老师反复叮嘱学生专心听讲的公开课，那些台下坐着几百名听课老师的公开课，我依旧能看到学生发呆的眼神，以及忍不住的哈欠。哪怕相声演员也做不到每一场都让观众不打哈欠。"专心听讲"出现了问题，建立在"专心听讲"之上的教学方式摇摇欲坠。大量普通一线老师没有"教学艺术家"的本事去吸引学生"认真听讲"，怎么办？

习课堂给出了有效答案：无法让学生的耳朵有效地忙起来，那么就让学生的嘴巴、学生的手有效地忙起来！把课堂 70% 的时间还给每一个学生读、背、写。老师的讲解变成讲义，让每个学生都读起来。老师的口头提问变成书面提问，写入任务单，让每个学生"写"起来。以往的学习任务等于大锅饭，一个学生读了，等于全班同学都读了，一个同学回答了，等于全班同学都回答了，全是大而化之的学习任务，全是可做可不做、可答可不答、可听可不听的学习任务。习课堂只是做了一个改变，从"大锅饭"到"承包责任制"，每一个学生每一节课上都有属于他自己的责任田，都有他要完成的责任田。每个学生都在课堂上忙着读，忙着背，忙着写。习课堂，让每个学生忙起来的课堂；习课堂，让学生没时间开小差的课堂；习课堂，每一天都这么上的家常课。

第二节　习课堂：有效训练

李老师声带息肉动了小手术，没有请病假。进教室，李老师在黑板上写"自由读课文10分钟"。学生读了10分钟，李老师在黑板上写"抄写生字词语4遍"，抄完词语请班长听写词语。听写后，李老师在黑板上写"齐读课文2遍"。读完课文学生做配套练习册的1、2、3题。不方便说话的李老师，只能尽量少说话，只能尽量把课堂时间还给学生读、背、写。期末考试，李老师的班级第一，我们笑言李老师中彩票了，哪有这样的事儿，都没讲几句话，还考那么好。沈老师学美术专业，分配到学校，学校不缺美术老师，要沈老师教数学。学了三年美术的沈老师不会教数学，每次进教室讲例题，10分钟讲完了，没什么讲的了，只好让学生做作业。沈老师不专业，只能少讲，只能把课堂时间还给学生练习。期末考试，沈老师的数学成绩得了年级第一。尝到了甜头，沈老师每节课讲10分钟，学生在他的眼皮底下练30分钟，每个学期的期末考试都很好，而且回家作业也不多，因为课上都做了呀。胡老师，村小体育老师。村小大撤并，胡老师调到了中心小学。中心小学不缺体育老师，让胡老师教数学。胡老师说，每天备课就是做例题，能有两种解法的做两种，能有三种解法的做三种。上课给学生解例题，一种解法、两种解法、三种解法。10来分钟解完了，学生练习。优等生三下五除二完成了，胡老师说你挑战第二种解法、第三解法。就是这个体育老师，所教的班级期末考试惊艳了全校。一桩桩的偶然事件藏着必然吗？确实，隐藏着有效训练的原则——

（一）**情景相似**。打篮球，光练习定点投篮没有用。真实的打球在运动、对抗、合作中进行。考试成绩是学校的生命线，也是老师和学生的生命线。考试的真实情景有两个特点：限时，时间到没答完，对不起，算错；独立，偷看是作弊，0分。**教学质量不能靠突击，要靠日常一节又一节的家常课。**大量家常课不给学生练的时间，作业不是课后写就是回家写。课后也好，回家也罢，既做不到限时又做不到独立，作业的有效性很低。李老师也好，沈老师也好，学生都是在老师的眼皮底下写作业，做到了独立，下课铃响了，老师表扬当堂完成的同学，渗透了"限时"。习课堂四个任务，任务二、任务四是"写"，有十五六分钟的当堂练习，所有学生都在教室里奋笔疾书，跟考试的"独立"相似。每次都有闹钟设定时间，闹钟铃响就停笔，没做完的算错，跟考试的"限时"相似。

（二）**教练在场**。小区里有一篮球馆，常有年轻人来打球。年轻人热火朝天打了一年球，水平却跟一年前一样臭。没有教练的练习，那叫玩玩。教练在场，玩也可以是训练，玩中的合作精神、协作能力、默契度都是赛场上的重要能力。大量课堂都不管学生作业。回家作业不只加重了学生的课业负担，也加重了家长的负担——家长非强迫非自愿地担起了教练。不少家长没有教练意识、没有教练能力，结果跟孩子闹翻了，如此"教练"只能起负作用。前面说的教师家庭、公务员家庭的孩子的学习成绩明显高于其他家庭的孩子，主要是这两类家长在家里能担当起"教练"。习课堂认为，课堂是学生听讲的场所，更是学生训练的场所，能力最终都是学生自己"练"出来的。课上给学生充分的时间，进行读、背、写的语文实践活动。读熟课文、背出片段、抄写默写、课后习题、配套练习册，老师在场的课上完成，有了问题还可以随时请教，老师根据学生的情况作必要的帮助，这个"帮助"就是及时雨，就是"点拨"。沈老师、胡老师正是这样做的。

　　（三）同伴伴随。李老师、沈老师们，课堂时间还给每一个学生，同伴一起练习，你追我赶。篮球明星科比时常在凌晨独自一人练球。我做不到。一般人练习都需要同伴。科比意外去世我转发了唯一的娱乐圈新闻以表达我的敬意。我们都是普通的大多数。跟张老师约好一起去练瑜伽，张老师临时有事不去了，于是你也不去了。锻炼看似个人的事，一群人一起锻炼的效果却比一个人要好。女儿跟我说高中没那么可怕，大家都在刷题嘛。下课了，所有同学都到走廊去玩，你要求小明留下来补作业，小明很痛苦；大家都去上活动课了，你要求小明留下来订正作业，小明很痛苦，没有同伴啊。有经验的老师，放学不会留一个学生，而是留一群。留四五个学生，难兄在，难弟也在，彼此相视一笑。留一个，没有同伴，难过。爸爸下班了没有作业，妈妈下班了没有作业，偏偏学生放学了还要写作业，难受。抄写、默写、背诵、练习册、课后习题，几乎都是回家的活儿，都是学生一个人孤单完成的活儿，一个人孤独战斗的活儿往往心浮气躁，潦草完事。

　　（四）激励在场。学生做了10道题，有价值的是对的8道还是错的2道？对的8道的作用是复习和巩固，错的2道才是提升和发展。错题，训练学生"跳一跳、摘果子"的绝佳时机。有效训练的困境在于，后进生一看，这么难，我不会，我不跳。中等生一看难题，试着跳了一下，没过，算了，不是我的菜。优等生一看，挺难的，跳了一次，又跳了一次，事不过三，也不跳了。见了难题杀红了眼的，传说中的学霸。错题，好不容易刷选出来的有价值的难题，老师最要紧的事儿，激励不跳的后进生能跳一两下，只跳一下的中等生能跳三下，优等生能像学霸那样愈战愈勇。老师最要慎重讲解答案。学生跳高，第一次没过，第二次也没过。老师说，我帮你跳，老师一下子跳过去了，说，好，算你过了。这个笑话经常在语文、数学、英语的作业订正中出现。老师的专业本领不是帮学生跳过去，而是让学生鼓起勇气跳第三次、第四次、第十次。练习肯定伴随疲倦和辛苦。长跑的后续阶段，每隔20米都有啦啦队喊加油，选手往往能跑出超越自我的好成绩。作业训练的激励来自三个方面：老师、伙伴、家长。当堂训练占了两个。伙伴间的激励和鼓励可以是看得见的，也可能是看不见的；可以是老师有意挑动起来的，也可能是学生间自动产生的。作业放到家里，没有老师，没有伙伴，还有不靠谱的家长。不靠谱的家长不只做不好激励，他们埋怨孩子，埋怨老师，埋怨教育，唯独不埋怨自己。不少家校矛盾的潜在导火索是回家作业点燃的。

习课堂，我们还总结提炼了有效训练的第五、第六个原则——

（五）马上应用。学习金字塔理论告诉我们，以听讲为主的教学，两周后的知识保留率只有5%；以阅读为主的学习，两周后的知识保留率只有10%；以声音、图片为主的学习，两周后的知识保留率只有20%；以示范、演示为主的学习，两周后的知识保留率是30%；以小组讨论为主的学习，两周后的知识保留率是50%；以实际演练和做中学为主，两周后的知识保留率是75%；以马上应用或转教别人，两周后的知识保留是90%。"转教别人"实际上是"马上应用"的一种形式。"转教别人"有一个弊端，A教了B，A达到了90%，B只是"听讲"，只有5%。习课堂，每一节课都有一张任务单，任务一和任务三以读背的方式"学"，任务二、任务四以写的方式"用"，人人"学"，人人"习"。学习学习，"学"了就要"习"。"马上应用"的关键词不是"应用"，而是"马上"，立即、立刻、赶快、当堂学、当堂习。有了任务二、任务四的"马上应用"，任务一和任务三的"学"，学生才会专注、投入。没有"马上应用"，爱读不读、滥竽充数的比比皆是。语文课上所学的，上了音乐课，上了美术课，上了汗流浃背的体育课，回家再"应用"，学生说，老师讲了，可我忘了。教学目标不应是老师说"我教了"，而应是学生说"我会了"。老师的"教了"到学生的"会了"，中间有一座必经的桥——"习了"。体育老师讲三天三夜的三步上篮，学生还是不会，必须学生自己不断练习，才能习得。音乐老师讲三天三夜的音符节拍，学生还是不会，必须学生自己不断地练习，才能习得。美术老师讲三天三夜的色彩构图，学生还是不会，必须学生自己不断地练习，才能习得。习得习得，自己"习"才会"得"。学生自己去"习"，当然有错，儿童有错的权利，儿童还有纠错的权利，也只有在纠错中儿童才能实现真实的成长。

（六）及时反馈。及时反馈是有效训练的重要组成部分。然而，及时反馈不等于当堂反馈。习课堂反对当堂讲评任务单、反馈任务单。首先，当堂讲评，学生会忙着校改答案。大量中后等生急匆匆擦去错的、写上对的，手忙脚乱，既没时间思考也没心思听分析，部分学生还会发现一个偷懒的秘密，作业本上写上一个不一定对的答案，还不如留空不写，等老师当堂说了答案，直接搬上，又快又省心，本子还干净。学生不知道写上了那个不一定正确但经过自己动脑的答案，那叫思考。看得见的答案是错了，看不见的思考力却得到了有效训练。当堂讲评，学生的错题轻易得到了一个又一个的正确答案，失去了第二次、第三次独立起跳"摘果子"的机会，那正确答案仅仅是写在本子上的"正确"。不管什么作业，都要先批改再讲评。实在来不及，请小助手一起帮忙，绝不能不批改就讲评，那不叫讲评，也不叫反馈，那叫对答案。习惯对答案的班级，学生的作业态度、作业风气一定糟糕。其次，当堂讲评，错得多的中后等生，完全消化老师的讲评的可能性很小。越不能消化越要马上写下正确答案，不然下课想不起来了。不要以为老师强调了一两遍学生就记住了，"这道题我讲过多少遍了"的事儿多着呢。当堂讲评告一段落，进入下一个学习任务了，没来得及完成订正的学生哪有心思？他们见缝插针地订正，想方设法地订正，心思都在跟老师捉迷藏上：老师转身写板书，可以抓紧订正了；老师听同学读课文，装模作样竖起书本，在书本的掩护下订正。哪还有心思学习下一个任务？再次，这道题三分之一的学生错了，那道题三分之二的学生错了，老师讲评这道题，错的那三分之一受益了，对的三分之二无所事事；老师讲评那道题，错的三分之二受益了，对的三分之一无事可干。当堂讲评，老师也只能粗略了解作业情况，难以抓住要害，不能四两拨千斤，"当堂讲评"往往成了"全面讲评""繁琐讲评"，大量学生陪听、被听。优等生 10 道题只错了 1 道题，老师当堂讲评了 9 道题，8 道题的讲评时间都成了陪听、被听。最后，当堂讲评后，批改的作业答案都改过的，批作业很省力，一路大红钩，老师根本得不到真实的反馈。当堂讲评前，老师巡视看到的作业毕竟只是一小部分。学生交上来的、可以完全统计的作业，又是学生改过的。批改作业无法准确把握学情，有针对性地调整教学无从谈起。"真实"比"及时"更重要。当堂讲评、当堂反馈的"及时"以牺牲"真实"为代价。习课堂改革采用 16 字方针：当堂完成，当天批改，当天讲评，当天订正。任务单就是这一节课学得怎么样的检测卷。检测卷哪有先讲评，学生改了答案老师再打分的？单元考试、期中考试、期末考试，老师先讲评、学生改答案后交上来，家长、校长知道了，没有一个会放过你。作业像考试一样一丝不苟，考试才能像作业一样小菜一碟。

习课堂，在 40 分钟的课堂里有效训练的课堂，解放孩子的课间、午间、活动时间、回家时间的课堂。习课堂，"刚需作业不出课堂"，刚需作业高质量、高效率完成的课堂。作业训练有效了，考试成绩进步了，才能有底气做素质教育，才能理直气壮做素质教育。习课堂要用最少的时间完成刚需的考试，而不是那种阳奉阴违的素质教育。

第三节　习课堂：任务驱动

兴趣是最好的老师，然而几人能找到"最好的"老师呢？你上了"最好的"大学了吗？你有"最好的"房子吗？你有"最好的"车子吗？"兴趣"这个"最好的"老师，理论上人人都能拥有，实际上"最好的"永远是稀缺商品。工作首先是任务而不是兴趣。不管心情好或不好，老师进教室都要有质量地完成教学任务，才对得起工资，对得起学生。学生的工作是学习。学习首先是任务而不是兴趣。少有全班学生都喜欢语文或数学的，甚至少有全班都喜欢体育的。一上操场自由活动，全班学生都喜欢，本质上学生喜欢的不是体育课，而是自由。学习任务，不管喜欢或不喜欢，都要保质保量地完成。人都有一时的兴致，却少有终身的兴趣。我们时常误以为"一时的兴致"是未来"终身的兴趣"。绝大多数的人一辈子都很难找到自己有终身兴趣的工作。找一个终身相爱的工作的难度不亚于找一个终身相爱的伴侣。语文老师对语文和语文教学都充满兴趣吗？80%的语文老师很少看书、写作，意味着80%的班级对语文没多大兴趣。有，也跟语文老师没多大关系。大多数学生衡量喜欢或不喜欢的硬性指标：考得怎么样。兴趣的背后是成就感，成就感是"比"出来的。学生间有比较，老师间也有。你确定比其他老师教得好吗？你确定，那么其他老师糟了，他们的课上学生能提起多少兴趣来呢？

小张老师的平均分比平行班低了10多分，校长找到他，小张振振有词：该讲的我都讲了，学生笨，我有什么办法？小张犯了一个常识性错误，教学目标不是看老师是否"讲了"，而是看学生是否"会了"。**教学目标的达成不是看老师，而是看学生。**假设我是总经理，下季度的销售目标1000万，那我会把销售目标分解为各科室的销售任务。科室一的任务是200万，科室二的任务是250万，科室三的任务是250万，科室四的任务是300万。各科室完成了各自的销售任务，我这个总经理的销售目标也就达成了。即，销售经理的销售目标是否完成，不是看他"讲了没有"，而是看各科室"完成任务没有"。同理，教师的教学目标达成没有，不是看老师"讲了没有"，而是看学生完成学习任务没有。即，教师的教学目标是靠每一个学生完成一个又一个的学习任务来实现的。课堂是学生完成一个又一个学习任务的地方。完成学习任务凭的不是兴趣，完成学习任务是每一个学生的职责。注意关键词——"每一个学生"。就像总经理的销售目标是靠"每一个科室"完成任务，老师的教学目标是靠"每一个学生"完成任务。"每一个学生"都有学习任务，"每一个学生"都有时间来完成学习任务。老师的主要功能：布置学生学习任务，组织学生完成任务，管理学生完成任务，激励学生完成任务。总经理根据不同科室的不同实力给出不同的任务。老师则针对不同的学生给出不同的学习任务。可是，习课堂任务单每一个学生都一样呀。没事。任务单一样，要求可以不一样。任务都是"销售"，销售的要求可以不一样，强一点的科室要求300万，弱一点的200万。习课堂任务单，任务一、任务三都是"读"，任务二、任务四都是"写"，不一样的是"要求"。后进生读课文"要求"正确，中等生读课文"要求"流利，优等生读课文"要求"自然、生动。写话，后进生"要求"写一行，中等生写三行，优等生写五行。后进生独立完成正确率有60%算好，中等生独立完成正确率有75%算好，优等生独立完成正确率90%算好。

习课堂，学生"人人有任务"。习课堂，学生"时时有任务"。任务贯穿课堂始终，读的任务、背的任务、写的任务，每个学生都在任务的推动下学习、学习、学习。有兴趣没兴趣，有情绪没情绪，任务清清楚楚地摆在那里，任务明明白白地等在那里。任务比兴趣可靠。"最好的"难以拥有，于是人们找了一个非常好的宽慰自己的说词：合适的就是最好的。习课堂不是"最好的"，却很适合普通学校、普通生源、普通老师。

第四节　习课堂：消灭后进生

语文后进生有"三"差：课文读不通；课文背不出；词语默不对。读通课文有什么难的？背出课文有什么难的？默写词语有什么难的？偏偏成了后进生的老大难。好端端的孩子磕在了三个没什么难的基础上。为什么一节又一节的语文课居然没能解决后进生读课文、背课文、默词语的问题？学生读不熟的课文，老师说，回家把课文读读熟。学生背不出的课文，老师说，回家把课文背背熟。学生没有抄写默写的词语，老师说，回家抄写默写。自觉的学生回家后读熟了课文，背出了课文，默出了词语。不自觉的学生，有重视的家长管着，也不会差。总有不自觉的孩子遇上不重视的家长。家长一边看手机一边听孩子读课文，家长一边忙着自己的事一边听背诵。默写词语？孩子自个儿抄一遍了事。一两年下来，孩子读课文疙疙瘩瘩，背课文像蜕了他一身皮，默写词语 10 个错 6 个，写的话、造的句，错字别字连篇，以至提起笔来心慌慌，前方总有不会写的字老虎似的等着他。孩子越来越怕语文，越来越怕作业，越来越后进。

　　从表象来看，后进生是家长造成的，谁叫他们不配合，谁叫他们没抓好基础。从根本来看，我不能不冒着被语文老师们唾沫淹死的危险，摸着良心说，不是这么回事。读熟课文、背诵课文、抄默写词语，语文学习的基础。"基础"就是"根本"。"根"就是树的"根"，"本"也是树的"根"。一棵树的枝枝叶叶剪去了，只要有"根"有"干"，开春又抽枝长叶，生机勃勃。一棵树没有"根"，那就死了。为什么语文课上打不好读课文、背课文、写词语这三个不难的基础和根本呢？语文老师说，这三件事没什么含金量，可以交给家长。语文老师说，课堂时间要花在刀刃上，分析课文啊，解答难题啊，小组讨论啦，片段写话啦……我们忽视了一个重要的常识：最基础的正是最重要的；最基础的正是最要舍得花时间和力气的。语文老师也委屈：哪一节公开课学生读了 18 分钟课文、背了 12 分钟课文、抄写默写词语 10 分钟的？哪一节公开课学生把课后习题做了、配套练习册做了？没有，从来没有。公开课只管"基础"哪能展现高超的技艺？还怎么在江湖上混？多少年来我也是这么想这么做的。教了 30 年书我才明白，公开课就是公开课，观摩课就是观摩课，比赛课就是比赛课，家常课就是家常课。爱情不等于婚姻。婚姻不等于爱情。把婚姻当爱情来过，通常连婚姻本身都危险。把爱情当婚姻来谈的，通常连爱情本身都危险。谈恋爱的时候谈爱情，别让世俗过早地污染纯粹的爱情。结婚过日子了，就悄悄收藏好爱情，别让纯粹的爱情伤害了世俗的婚姻。有没有爱情和婚姻画等号？有。但未必有几个人能幸运地撞上。有没有家常课和公开课合二为一的？有。但那个人是你是我的可能性几乎为零。很多老师学着公开课的样上家常课，结果虎没画成，猫也不像，基础的读课文、背课文、默词语都没抓牢。

小学来讲，优质学校根本上不是有一群优质的学生，而是有一群优质的家长，老师不用管的"基础"家长给管了。普通学校根本上不是有一群普通的学生，而是有一群普通的家长，他们不管孩子的学习，想管的时候只有情绪和脾气。普通高中像五星高中老师的教学，学生肯定恹恹欲睡，听不懂呀。五星高中像普通高中的老师那样抓基本题，学生也是恹恹欲睡，都懂了呀。不同生源的学校要有不同的教学。普通学校普通家长普通生源，怎么办？一年级起，每一篇要求读流利的课文都在课上读流利，每一篇要求背诵的课文都在课上背出来，每一个要求会写的字词都在课上默出来。这三个基础打好了，有时间再干点别的，没时间老老实实干这三件事儿。后进生连课文都读不通顺，还能期望他把试卷上从没有读过的短文读通顺？短文都读不通顺的学生阅读理解能"解"出什么来？**基础扎实的班级，考试成绩总名列前茅，这一点我深信不疑，你也看得清清楚楚。习课堂，夯实基础的课堂，消灭"人为"的后进生。**

第三讲　习课堂任务单

第一节　任务单：四个任务

一节课一张任务单，任务单是习课堂的重要抓手。任务单有四个任务，每个任务 10 分钟左右。任务一和任务三的"读"的时间，根据课文的长短有变化，任务二、任务四则根据习题量而变化。为什么一节课是四个任务而不是两个任务？两个任务，"读"20 分钟，学生口干舌燥。"写"20 分钟，一张任务单的题量令中后等生望而生畏，一次 10 分钟，发两次，学生容易接受。为什么不是三个任务呢？任务一和任务二是一组"学"和"习"的对应关系，双数才能对应起来。也有老师对任务单二次细化，任务一的"读"拆解为三次，任务二的"写"也拆解为三次，学生读 5 分钟课文，写 3 分钟习题；学生读 2 分钟词语，写 3 分钟习题，学生读 3 分钟句子，做 4 分钟习题。四个任务变成了八个任务、十二个任务，如此：
①读写过于零碎。学生"读"3 分钟，对应的习题写 2 分钟，"学"和

"习"的对应很清晰,对完成练习有帮助,然而读写训练的难度大大降低。好比做俯卧撑,一下子做100个,跟每次20个做5组,两者完全不一样。②**整体感不强**。任务一和任务三有10分钟较为整块的时间"读",积累语言,培养语感,还有整体感。"读"3分钟、"写"2分钟,学生的"读"往往直指习题的"写",上述目标难以达成。③**时间太零碎**。四个任务变成了八个任务、十个任务,两次"写"变成四次五次,每次"写"只有两三分钟,优等生做得快,也只能多出半分钟一分钟,"零碎时间"也真的零碎到扔掉了。任务二10分钟,优等生六七分钟搞定了,任务二多出两三分钟,任务四多出三四分钟,不光奖励题能背出来了,还能当小老师。④**教师注意力分散**。一节课的任务多了,老师脑子里老想着下一个任务、下下个任务,到第八个任务,老师自己都要看教案了。老师的精力往往不能集中到课堂组织、课堂管理和课堂激励上,即,不能集中到学生身上。⑤**任务转换费时间**。从"读"的任务到"写"的任务,从"写"的任务到"读"的任务,每一次转换都要课堂组织。一堂课十个任务十次课堂组织,十次时间付出,对于"就怕时间不够"的习课堂来说很致命。从学生那头来看,一会儿要拿出任务单、拿出笔,一会儿要放下任务单、放下笔、打开语文书,背后流逝的都是时间。⑥**不符合组块原理**。美国心理学家米勒提出"组块原理",人的短时记忆只能保持"7±2"个组块,超过9个记忆组块很难记住。课堂要面向每一个孩子,基础教育要底线思维而不是精英思维。40分钟4个学习任务组块就是面向全体的底线思维。

第二节 任务单:第一课时

一篇课文两课时,习课堂用两张任务单,每个学生都完成如下学习任务:当堂读熟课文;当堂背出要求背的段落;当堂抄写词语、默写词语;

当堂完成课后习题；当堂完成重点段的理解题；补充阅读理解。这么多任务要在两节课 80 分钟完成，非要老师控制教的欲望、讲的欲望、问的欲望不可。怎么管住老师的嘴？——习课堂任务单。第一课时的任务单有四个任务：

任务一：读正确读通顺课文。一般分三个环节，自由读课文，读词语读句子，再次自由读课文。第一次自由读要求"注音字词反复读；不会读的问老师"。读词语，主要是生字组成的词语、词语表中的词语和多音字；句子主要是长句子，容易读破的句子。任务一没有标注示范读，不是不要示范读，而是示范读要随时随地。学生词语读不好，停下来范读；句子读得不好，停下来范读。习课堂强调教师示范，**示范是最简单、最直接、最经济、最形象、最有效的教**。每个小环节读多久，读几遍，老师根据实际把控，任务单里没有细化也无法细化。任务一读的内容，跟任务二的习题密切相关。

任务二：抄写词语、选择读音、默写词语。每一课安排了两个生字的书写指导。抄写词语的范字是书法家的手写体，便于学生模仿。学生在老师的眼皮底下抄写后，翻到任务单的最后，当堂听写词语。当堂听写不是每一个词语都要听写，有时间默七八个，没时间默三四个也行。无论多少，每一次抄写后都要默写，训练学生"一边抄写一边记"的习惯，而不是对了几个、错了几个。君不见，学生抄写"骄傲"，竖着写三个"骄"，竖着写三个"傲"，他们不是为了"记"而抄，而是为了抄而抄。当堂抄写、当堂听写，抄写的正确率、专注力都会渐渐提高、大大提高。

任务三：读课文，读重点段、关键句。读课文一般是自由读，要求正确、流利、不拖调，老师要走下去听，要去纠正。读了课文，整体感受了课文，再读关键段和关键句。读哪些关键段，哪些关键句，根据任务四的思维导图来定。既要看整张思维导图，又要看思维导图留空要学生填写的地方。既要符合阅读从整体到部分的规律，又要对学生完成思维导图、整体把握课文有帮助。任务三"读"的内容的选定，是习课堂团队最烧脑的地方。第二课时任务一、任务三"读"的内容的选定，也如此。绝大多数的任务单来来回回修改数十次，改的是读的内容。有的老师看了习课堂任务单，说老师不用干什么事。不是的，老师干的活儿、老师的"教"隐藏在读的内容里，这也是习课堂备课强调的，要读懂任务一和任务二、任务三和任务四的关系。

任务四：完成思维导图和课文概括。思维导图既能检测学生整体把握课文的情况，又能训练学生架构篇章，对作文也有帮助。我们先根据课文内容设计好思维导图，再根据思维导图来设计任务三"读"的内容。大家看到的任务单上的顺序是"任务三到任务四"，实际设计的顺序是"任务四到任务三"。任务三的"读"把全文分为四个部分，那是思维导图往往有四根主干。任务三"读"总起句、总结句、段落总起句、关键句，都跟思维导图有着密切关系。1.0版的思维导图比较全面，比较完整，枝枝节节都在，不利于学生抓主干。2.0版果断砍掉了枝节，砍掉了形式上的花哨，从复杂到简单，目的是把握住全文，而不纠缠在细节上。有老师问怎么去读懂任务一和任务二的关系、任务三和任务四的关系。倒过来"读"。这也是习课堂备课强调老师做一遍学生版任务单的原因之一。

奖励题。学生在规定时间内提前完成任务二、任务四，可背奖励题。奖励题不要求每个学生都背出来，50%的学生背出来就不错了。一年级任务单的奖励题是《弟子规》精选，二年级是400个成语，三年级是《声律启蒙》《笠翁对韵》节选，四年级是小古文，五年级是《论语》精选，六年级是中学课本古诗词名句精选。奖励题只要求读背，不要求理解。有老师希望"奖励题"的后面加上注释。小学生的背跟成人不一样。一句论语解释清楚了让学生背，花的时间跟老师没解释就背基本一致。儿童善于囫囵吞枣。再者，解释的话比原句长很多，学生既要背，又要看解释，解释还要对照原句，背奖励题用的是见缝插针的零碎时间，不够。奖励题不求甚解地背即可。单元测试可以附加题的形式检查奖励题。小学六年，一个班50%的学生用课堂零碎时间积累了以上内容，功德不小。

第三节　任务单：第二课时

低年级第二课时的任务单：任务一，读词语，读句子，读课文。任务二，词语练习，句子练习。任务三，读课文，背课文。任务四，课文理解题，课外阅读。低年级主要着力于字词句，任务一的"读"从词到句到文。低年级对课文理解要求不高，课文读正确、读流利，可以加动作、表情。反复读课文，积累词语、句子，读出语感。低年级不允许有书面回家作业，浙江省小学语文低年级配套练习册叫《课堂作业本》，这个名字很好，明确告诉老师们要在课堂完成。习课堂任务单就是把应该完成的书面作业，当堂"马上应用"，发挥书面作业的巩固、促进、检测、全反馈的功能。年龄越小、年级越低，习惯的培养见效越快，反弹越小。习课堂任务单对低年级学生的作业习惯、作业速度、作业效率的训练成效，一学期可有明显效果。

中高年级既要语言积累又要培养语感，既要理解课文内容又要学习表达形式，既要当堂背诵又要拓展阅读。任务单要适应不同课文的不同目标。从大类分，中高年级的任务单分为有背诵内容的课文、无背诵内容的课文。习课堂要求"刚需作业不出课堂"，背诵就是刚需作业，很多孩子怕背课文，大人常说小孩子记性不好，实质跟当堂背诵训练少有关。第一课时读正确、读通顺、读流利，背诵一般在第二课时，第二课时的任务单分为"背诵理解型"和"背诵表达型"两种。无背诵内容的课文，有的是一个重点段，有的是两个重点段；有的有表达上的训练，有的没有表达上的训练，第二课时任务单分为"理解重点型""理解表达型""理解拓展型"三种。具体请看下表：

中高年级第二课时任务单分类

课文无背诵		课文有背诵	
①理解重点型	任务一：读课文，读重点段落1。 任务二：课后习题，重点段理解题。 任务三：读重点段落2。 任务四：课后习题，重点段理解题。	①背诵理解型	任务一：读课文，背课文。 任务二：课后习题，重点段理解题。 任务三：读补充阅读。 任务四：阅读理解题。
②理解表达型	任务一：读课文，读重点段落。 任务二：课后习题，重点段理解题。 任务三：读关键段及写法。 任务四：片段写话。	②背诵表达型	任务一：读背课文。 任务二：课后习题，重点段理解题。 任务三：读关键段及写法。 任务四：片段写话。
③理解拓展型	任务一：读课文。读重点段落。 任务二：课后习题，重点段理解题。 任务三：读补充阅读。 任务四：阅读理解题。		

中高年级第二课时要完成对课文的理解。理解到什么程度算合理？一，课后思考题要能理解；二，配套练习册的习题要能回答。当堂读熟了，该背的背出来了，该默的默出来了，课后思考题理解了，配套练习册能完成了，基础教育的刚需达成了。课后思考题全国都一样。配套练习册

每个省稍有不同，习课堂任务单主要参考了江苏、浙江、北京、上海的，四个地区都选的习题一定是刚需，两三个地区选到的一定是最重点。这道题江苏、浙江的配套练习册上有，那道题北京、上海的配套练习册上有，任务单只许选一题，怎么办？我们用数十年的一线教学经验来判断，同时参考市面上口碑比较好的配套教辅。第一课时的任务单，任务二、任务四的题型比较固定；第二课时的任务二、任务四的习题变化比较多，选出优质好题是任务单编写的首要任务。确定了任务二、任务四——学生当堂要完成的刚需作业后，根据任务二的习题设计任务一"读"的内容，根据任务四的习题设计任务三"读"的内容。所以，任务一和任务二、任务三和任务四是一组对应的"读"和"写"的关系。

第二课时任务一、任务三的设计，主要是读关键段、关键句、关键词。学生答不出课外阅读题，有经验的老师不会直接讲答案，而是跟学生说，读熟选文你就会了。学生读熟了还不会，老师指着关键段落说，再读这段你就会了。学生读了关键段落还不会，老师指着那个关键句子说，再读这个关键句。学生读了关键句还不会，老师有点生气了，说，注意这几个关键词！到这份上一般都会了。还不会的，老师捅不捅破最后一层窗户纸已经不重要了，题目做和不做也没什么区别了。老师的"教"是"有限责任公司"。老师"教"在哪里？**提醒学生读熟课文，提醒学生读重点段，提醒学生注意读关键句、关键词，提醒答题思路，老师的"教"到此为止。**再往下，多余了。任务一、任务三，老师的作用是告诉学生读什么、读到什么程度，比较难的题目，"学习好帮手"提供了答题思路。学生还不会，老师能做的是降低习题的难度。如，概括题变成填空题，思考题变成判断题、选择题。教师的专业本领不是讲重点、难点。重点、难点教参上都有，铺天盖地的教学设计上也有，拿来读一读、讲一讲没什么难的。老师的专业本领在出示读的内容后，让学生真读而非小和尚念经。后面"课堂管理"一章会细说。

第二课时的任务单有"读资料"。如，五上《己亥杂诗》的"读资料"："风雷"指重大的变革。"万马齐喑"比喻在封建专制统治下，人没有任何的言论自由。整首诗表达了诗人对清朝末年禁锢思想、万马齐喑的社会局面感到十分痛惜，他在大声疾呼：当权的人要打破常规去选用人才。六上《开国大典》的"读资料"：从1840年鸦片战争开始，中国就没有停止过战争。不是外强入侵，割地赔款；就是太平天国起义、义和团运动；再就是军阀混战，国共内战等等。人民生活在水深火热之中，饥无食，寒无衣，病无药，死无葬。新中国的成立，真正摆脱了被殖民的历史，中国人民终于站起来，成为国家的主人。布置学生查找资料，不少学生胡乱抄几句了事。资料语言往往很成人化，学生抄了也不太明白什么意思。"书面作业基本不出校门"的规定出台后，查资料、抄资料本身也面临违规。习课堂任务单上的"读资料"，资料语言力求通俗，力求规范，力求上口，给学生语言的示范和熏陶。由于水平有限，部分篇目未能达到这一目的，一线老师可以修改PPT上的"读资料"。有人建议锁定配套PPT，以保护知识产权。我们没有采纳，对于愿意使用习课堂，愿意修改PPT力求达到更好效果的老师，不能设限制。第二课时任务单的任务四，大多有拓展阅读。选文跟课文联系紧密，或同一个作者，或同一种的课文结构，或同一类型的选材。像五上的《桂花雨》任务四的补充阅读是《家乡的年糕》，《搭石》任务四的补充阅读是《炊烟》，《将相和》任务四的补充阅读是《毛遂自荐》，《冀中的地道战》任务四的补充阅读是《飞夺泸定桥》……

第四节　任务单：读讲义

"管住嘴、迈开腿"，习课堂的重要理念。老师太能讲了，一堂课几乎全是老师在讲、在问，讲不动了，问不动了，戴了"小蜜蜂"继续讲、继续问。学生读的时间、背的时间、写的时间都给"讲"光了、"问"光了。习课堂要管住老师"提问"的嘴，所有的口头提问变成书面提问，学生人人回答；所有的讲解变成讲义，学生人人读记。任务一和任务三的20分钟，主要是"读"，读课文，读关键段，读关键句，读关键词，老师基本不问，问的目的也是讲，只不过从小明嘴巴里讲出来。小明嘴巴里讲出来的答案，伙伴如都知道，那就没有讲的必要；如伙伴不知道，小明讲一遍，大伙能记住的很少，能理解的极少，能内化的少之又少。大多常态课，50%的学生在听，50%的学生不在听。50%听的学生里，又有50%的学生想听没听清楚，小明的回答声音轻，疙疙瘩瘩、断断续续。50%听清楚的学生里，又有50%听了也糊涂。要把自己讲的内容转化为儿童一听就懂的话，那要相当的水平。50%听懂的学生里，又有50%是假懂，假懂的学生以为听到答案等于懂了，5分钟后忘了，他们还以为自己记性差。为什么课上都讲了，学生也说"懂了"，还有相当多的学生交上来的作业依然令人绝望？交上来全对的20%；老师什么也不讲、什么也不教，依然正确率很高。30年前我在村小教书，一民办老师的五个判断题错了两个，可照样有学生全对。一篇课文总有一些刚需的又是大量学生不知道的内容。如写作背景，如作者简介，如时代背景，如赏析，学生肯定不知道，必须要"讲"，习课堂通过"读讲义"来达到"讲"的目的。如"生活习性"，初次接触这样的词，老师不讲，90%的学生想一天都想不出来。习课堂支持当讲则讲。然而，"讲"的惯性十分强大，允许老师嘴巴"必要的讲"，那就很难"管住嘴"，每个老师都认为自己讲的每一句话都是"必要的"。习课堂找到了一个办法，"必要讲的"做进PPT，学生读三遍，比老师讲三遍的效果好。写下来的话，一定经过组织，语言干净准确，不会喋喋不休、绕来绕去。"读讲义"就是"精讲"，"读讲义"就是"当讲则讲"。注意，习课堂不是把任务二、任务四里的习题的答案做成"读讲义"。第一课时的任务四的思维导图，基本上没有现成的"读讲义"。第二课时的任务二、任务四的习题，前面跟它们配套的任务一、任务三的"读讲义"，也只有一两处。习课堂的"读讲义"相当于必要的"点拨"。以前课堂上的"讲"，老师通过提问，问这个、问那个，看似在启发学生，实则大量学生不在听，部分学生也只听老师的答案。大量一线常态课，所谓的"启发"跟"读讲义"没什么本质区别。一定要说区别，区别在于"读讲义"更干脆、更直接，花的时间更少，学生记得更牢。

有的老师反对读讲义，认为限制学生的思维。在中国，一千个读者没有一千个哈姆莱特，一千个读者只有一个哈姆莱特，他的名字叫"标准答案"。习课堂不回避考试，习课堂直面学生和家长的刚需。刚需的作业和考试的主体是标准答案，而不是天女散花式的发散。天女散花很好看，但不实用。我们在标准答案时代长大的，我们的思维并不僵化。考试的标准答案，谁都知道只是生存之道。人性是复杂的，思维是复杂的，大家都知道生活并没有那么多标准答案。我们以为学生是生活在考试中，其实，无论是外在的生活还是内隐的生活，学生都有太多看不见的、不知道的、没有标准的生活。再者，有的学生听老师讲答案，会开动脑筋，对比自己错的答案，思维一定有发展。有的学生听老师讲答案，懒得动脑筋，讲了就写上去，思维一定没发展。反过来，老师不讲答案，学生不读讲义，他们自己答题，动脑筋的也会动脑筋，哪怕错了他们的思维也得到发展了。不动脑筋的学生呢，只要稍微有一点点的难，就放弃了。老师不讲，他们照样一点收获也没有。思维发展的根本在于老师的组织、管理、激励，组织学生好好学、管理学生好好学、激励学生好好学。学生的思维活跃起来了，不管读什么、写什么，都会有收获。思维发展的根本，在于学生的学习状态是否紧张起来了。习课堂，强调课堂组织、课堂管理、课堂激励，强调让学生的课堂学习状态紧张起来。到这里，还有老师认为"不读讲义"为好，那也简单，删掉PPT里的"读讲义"就可以了。强烈提醒，

"不读讲义"后，千万不要变出一个又一个的口头提问。不是所有的牛奶都叫特仑苏，不是用了任务单的课堂就是习课堂。习课堂有一条原则和纪律：把你的讲解变成讲义，把你的口头提问变成书面提问。也有老师认为自己的班级基础差，"读讲义"偏少了，有些该讲的没有写进"读讲义"，那也可以在 PPT 里增一两条。这一步，只能由每个班级的老师来完成。

第五节　任务单：四个阶段

（一）**拿来主义**。王老师一看任务单挺简单的，于是组织学校老师开发。一周后感慨任务单看似简单，做起来太不容易了。拿着开发好的任务单用，跟本班情况确实不可能完全吻合，跟当地的考试方向也不可能完全吻合。我们建议，目光不能放在小处，要放在远处、大处。习课堂的根本是把课堂时间还给每一个学生，习课堂的根本是培养学生七个终身受益的好习惯，习课堂的根本是课上没有学生发呆、开小差。任务单只是达成以上目的的抓手。以上目的达成了，教学效益肯定不会差，教学质量肯定不会差。常有老师纠结任务单的正确率，纠结任务单的题型。比盯着任务单更要紧的是，课堂上我们管住嘴、迈开腿了吗？课堂管理口令喊起来了吗？课堂管理口令喊出精气神了吗？喊出鼓励喊出提醒喊出气氛来了吗？课堂组织到位了吗？课堂管理印章用起来了吗？课堂管理 Q 币用起来了吗？一堂课能完成四个任务了吗？……习课堂，老师满眼是学生，学生满眼是学习。习课堂团队开发好任务单，希望老师们能省出精力，放到学生身上，目中时时有人，教学才真实有效。任务单跟当地考试不尽一致，期末练习本地区近三年的调研卷、统测卷即可。日常的基本功抓好，不同的题型好比不同的舞蹈动作。舞蹈动作的变化，难的不是动作本身，而是舞蹈基本功。

（二）**改良**主义。"管住嘴、迈开腿"了，课堂纪律好了，没什么学生开小差了，学生的学习状态紧张起来了，课堂默契产生了，课堂管理进入了半自动，可以考虑第二阶段——改良任务单。各个地区有各个地区的考试方向。有的地区的试题偏向于课文，有的地区的试题偏向于课外，有的地区偏向于基础知识，有的地区偏向于基本能力……同一学校，不同班级也有不同的特点，有的班级基础知识不好，任务单要强化训练基本知识；有的班级基础知识掌握得好，任务单要多训练基本能力；有的班级句型训练不好，任务单要强化句型训练；有的班级联系上下文理解能力薄弱，任务单要强化联系上下文训练……在原有任务单的基础上，根据本班情况有针对性地改良。这个学期针对联系上下文的训练，下个学期针对提炼关键字词的训练，一学期突出一点，练扎实一个，下学期再练一个。如此改良，老师的任务也不是太重，能在每一天落地的才是好东西。再好的东西，不能每一天落地，挂在天上一闪一闪的，看起来很美，那要警惕。

（三）**创新**主义。"教是为了不教"。"不教"后学生怎么走？学生自己学、自己习、自己走。教室应该是学生练习自己学、自己习、自己走的重要场所，用了三年任务单，学生对任务单很熟悉了，可以组织学生编写"学生版任务单"。四人一组，每个小组每个学期制作一两张任务单。读熟课文、背出课文是刚需的，抄写默写是刚需的，课后习题是刚需的，小组成员贡献彼此的教辅资料，一起模仿着制作任务单。学生会对什么是学习任务单，学习任务单为什么有这些内容有切身的体会和深入的了解。如果整个年级都做习课堂，可以进行年级的"学生任务单"大赛。一篇《开国大典》有三个小组设计了学生任务单，评选出最好的一张，署上开发小组所有成员的名字，全年级使用。成就感永远是最好的前进动力。语文老师呢，根据学生编写的学生版任务单来设计教师版任务单，也就是完善任务一和任务三。此时的任务单就是每个老师、每个班级自己的任务单，充满班级个性的任务单。

（四）未来主义。这个阶段是习课堂的理想。学生小组编写了学生版任务单，教研组选出了优胜的任务单，再组织学生小组来设计教师版任务单，即为任务二、任务四的习题，配上任务一、任务三的"读"，最后由学生小组的成员来给大家上课，既是巨大的挑战，也是巨大的激励。习课堂强调课堂组织、课堂管理、课堂激励，强调课堂程序，有了这些，小组成员完全可以胜任。到那时，学生任务单是学生制作的，教师任务单也是学生制作的，习课堂是学生来上的，也就是没有老师习课堂照样有效，这就是习课堂理解的"教是为了不教"。

附

六上《月光曲》教师版任务单

第一课时

任务一（约10分钟）

一、读课文。

自由读课文。要求：注音字词反复读；不会读的问老师。

二、读词语。

谱写　　莱茵河　　盲姑娘　　纯熟　　琴键　　一缕

陶醉　　入场券　　霎时间　　恬静　　微波粼粼　　茅屋

三、读课文。

1. 读课文的注释。

2. 自由读课文。要求：多字、漏字、疙瘩的地方，反复读；注意第9自然段的停顿。

任务二（约8分钟）

一、抄写词语，边抄边记。

谱：左窄右宽，"讠"靠上。　　键：" 钅"让右，横画匀。

谱写　　纯熟　　琴键　　一缕

陶醉　　恬静　　清幽　　莱茵河

盲姑娘　　茅屋　　波光粼粼

二、仔细辨读，选择读音。

入场券（quàn√　juàn）　　微波粼粼（líng　lín√）

恬静（tiān　tián√）　　　兄妹俩（liǎng　liǎ√）

霎时间（shà√　chà）　　　汹涌（yǒng√　tǒng）

三、当堂听写，字迹工整。

任务三（约12分钟）

一、读第1自然段。

自由读第1自然段。要求：记一记人物简介。

二、读第2～3自然段。

1. 自由读第2～3自然段。

要求：一边读一边感受盲姑娘对音乐的热爱，以及她的善解人意。

2. 齐读第3自然段。

3. 读句子。

◎这首曲子多难弹哪！我只听别人弹过几遍，总是记不住该怎么弹，要是能听一听贝多芬自己是怎样弹的，那有多好哇！

◎是呀，可是音乐会的入场券太贵了，咱们又太穷。

◎哥哥，你别难过，我不过随便说说罢了。

4. 齐读第3自然段。

三、读第4～7自然段。

1. 自由读第4～7自然段。

要求：读出盲姑娘激动的心情。

2. 齐读第6自然段。

3. 读句子。

◎弹得多纯熟哇！感情多深哪！您，您就是贝多芬先生吧？

提示：第一个"您"疑惑语气，读轻一点，第二个"您"肯定语气，读重一点。

四、读第 8～10 自然段。

1. 自由读第 8～10 自然段。

要求：一边读一边想象文字所描绘的景象。

2. 齐读第 9 自然段。

任务四（约10分钟）

一、思维导图，精准填写。

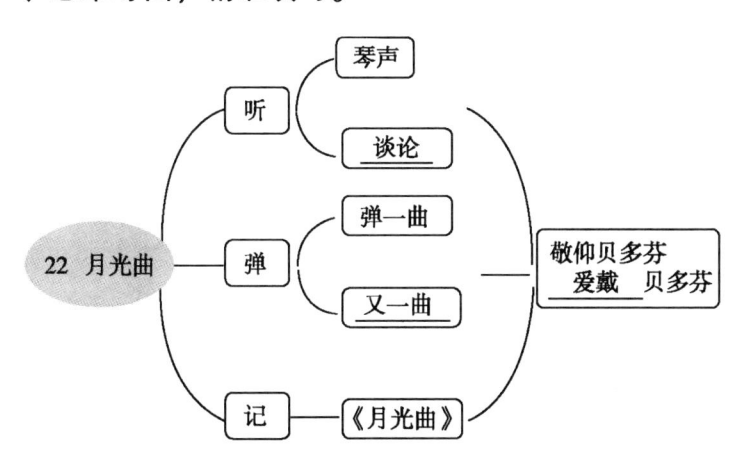

```
                    ┌─ 琴声
              ┌─ 听 ┤
              │     └─ 谈论
              │
              │     ┌─ 弹一曲           敬仰贝多芬
  22 月光曲 ──┼─ 弹 ┤            ───   爱戴　贝多芬
              │     └─ 又一曲
              │
              └─ 记 ─── 《月光曲》
```

二、阅读片段，完成练习。

一个姑娘说："这首曲子多难弹哪！我只听别人弹过几遍，总是记不住该怎么弹，要是能听一听贝多芬自己是怎样弹的，那有多好哇！"一个男的说："是呀，可是音乐会的入场券太贵了，咱们又太穷。"姑娘说："哥哥，你别难过，我不过随便说说罢了。"

……

盲姑娘听得入了神，一曲弹完，她激动地说："弹得多纯熟哇！感情多深哪！您，您就是贝多芬先生吧？"

贝多芬没有回答，他问盲姑娘："您爱听吗？我再给您弹一首吧。"

1. 姑娘说："哥哥，你别难过，我不过随便说说罢了。"

以下是三位同学对这句话的理解，不正确的一项是（ B ）

A. 我能感受到盲姑娘为生活所迫，不想让哥哥再为自己的爱好辛苦，而强压住内心对音乐的热爱的无奈。

B. 我能感受到盲姑娘其实只是随口一说，她并不是真的想听贝多芬的演奏。

C. 我能感受到盲姑娘把一直以来的愿望称作"随便说说"，说明她对哥哥的体谅和理解。

2. 以下对"贝多芬为什么弹琴给盲姑娘听"的理解正确的选项是（ ABC ）（多选）

A. 盲姑娘在困苦的生活中仍然热爱音乐、追求艺术的精神打动了贝多芬。

B. 贝多芬看到盲姑娘不仅爱音乐而且懂音乐，他犹如遇到了知音，有了创作的灵感。

C. 盲姑娘非常懂事，能够体谅哥哥的难处，让贝多芬动容。

3. 贝多芬说："我的音乐只应当为穷苦人造福。如果我做到了这一点该是多么幸福。"请结合这句话写出贝多芬为盲姑娘弹完一曲又弹一曲的原因。

　　贝多芬看到盲姑娘不仅爱音乐而且懂音乐，犹如遇到了知音，于是有了创作灵感，决定即兴再为盲姑娘弹奏一曲。贝多芬心中充满对穷苦人的爱，他愿意无私地奉献出这种爱。

奖励题

◎蒹（jiān）葭（jiā）苍苍，白露为霜。所谓伊人，在水一方。

——《诗经·蒹葭》

第二课时

任务一（约13分钟）

一、读课文。

自由读课文。要求：注意盲姑娘情感的变化。

二、读第8自然段。

1. 自由读第8自然段。

要求：注意读出当时的幽美意境。

2. 齐读第8自然段。

3. 读句子。

◎月光照进窗子，茅屋里的一切好像披上了银纱，显得格外清幽。

◎贝多芬望了望站在他身旁的兄妹俩，借着清幽的月光，按起了琴键。

三、背第9自然段。

1. 自由读背第9自然段。

2. 看填空背第9自然段。

皮鞋匠_____听着。他好像_____，月亮正从_____的地方升起来。_____的海面上，_____洒满了银光。月亮_____，穿过_____微云。_____，海面上_____，_____。被月光_____的浪花，_____……皮鞋匠看看妹妹，月光_____，照着她_____。她仿佛_____，看到了_____的_____大海。

3. 齐背第9自然段。

任务二（约8分钟）

◎阅读片段，完成练习。

一阵风把蜡烛吹灭了。月光照进窗子，茅屋里的一切好像披上了银纱，显得格外清幽。贝多芬望了望站在他身旁的兄妹俩，借着清幽的月光，按起了琴键。

皮鞋匠静静地听着。他好像面对着大海，月亮正从水天相接的地方升起来。微波粼粼的海面上，霎时间洒满了银光。月亮越升越高，穿过一缕一缕轻纱似的微云。忽然，海面上刮起了大风，卷起了巨浪。被月光照得雪亮的浪花，一个连一个朝着岸边涌过来……皮鞋匠看看妹妹，月光正照在她那恬静的脸上，照着她睁得大大的眼睛。她仿佛也看到了，看到了她从来没有看到过的景象——月光照耀下的波涛汹涌的大海。

兄妹俩被美妙的琴声陶醉了。等他们醒过神来，贝多芬早已离开了茅屋。他飞奔回客店，花了一夜工夫，把刚才弹的曲子——《月光曲》记录了下来。

1. 阅读第1自然段文字，贝多芬创作《月光曲》的两个触发点分别是：一是 <u>清幽的月光</u> ，二是 <u>兄妹俩对音乐的热爱和追求</u> 。

2. 皮鞋匠的联想包含了三幅画面。它们分别是 <u>③</u> 、 <u>①</u> 、 <u>②</u> 。（填正确的序号）

①月亮升高，穿过微云　　②风起浪涌，月照浪花　　③月亮升起，海面平静

3. 第2自然段最后一句中，加点的"仿佛"一词能否去掉，为什么？
<u>不能去掉。因为盲姑娘是看不见的，去掉"仿佛"就是盲姑娘真的看到了。盲姑娘懂音乐，能感受、理解贝多芬弹奏的内容，再一次听得入神了，也衬托了贝多芬创作的成功。</u>

学习小贴士：①去掉前是什么意思；②去掉后是什么意思；③表达了什么。

任务三（约12分钟）

一、背第9自然段。

1. 齐背第9自然段。
2. 背句子。

◎他好像面对着大海，月亮正从水天相接的地方升起来。

◎她仿佛也看到了，看到了她从来没有看到过的景象——月光照耀下的波涛汹涌的大海。

二、读《二泉映月》片段。

听着，听着，阿炳的心颤抖起来。他禁不住拿起二胡，他要通过琴声把积淀已久的情怀倾吐给这茫茫月夜。他的手指在琴弦上不停地滑动着，流水月光都变成了一个个动人的音符，从琴弦上流泻出来。起初，琴声委婉连绵，有如山泉从幽谷中蜿蜒而来，缓缓流淌。这似乎是阿炳在赞叹惠山二泉的优美景色，在怀念对他恩重如山的师父，在思索自己走过的人生道路。随着旋律的升腾跌宕，步步高昂，乐曲进入了高潮。它以势不可挡的力量，表达出对命运的抗争，抒发了对美好未来的无限向往……

1. 自由读《二泉映月》片段。

读讲义：《二泉映月》是阿炳创作、演奏的著名二胡曲。作者用文字描写、再现了乐曲的内容。

2. 读背句子。

◎起初，琴声委婉连绵，有如山泉从幽谷中蜿蜒而来，缓缓流淌。

◎这似乎是阿炳在赞叹惠山二泉的优美景色，在怀念对他恩重如山的师父，在思索自己走过的人生道路。

读板书：乐曲变文字的秘诀——比喻。

三、读句子。

《月光曲》：

◎他好像面对着大海，月亮正从水天相接的地方升起来。

◎微波粼粼的海面上，霎时间洒遍了银光。

◎她仿佛也看到了，看到了她从来没有看到过的景象——月光照耀下的波涛汹涌的大海。

读讲义：联想的都跟"月光曲"的"月光"有关。

《二泉映月》：

◎他禁不住拿起二胡，他要通过琴声把积淀已久的情怀倾吐给这茫茫月夜。

◎他的手指在琴弦上不停地滑动着，流水月光都变成了一个个动人的音符，从琴弦上流泻出来。

◎起初，琴声委婉连绵，有如山泉从幽谷中蜿蜒而来，缓缓流淌。

读讲义：联想的都跟"二泉映月"的"泉""月"有关。

读板书：音乐变文字的秘诀——曲名。

任务四（约7分钟）

◎**模仿写话，习得技法。**

听《春节序曲》，写自己想到的画面。要求：1. 用上比喻；2. 联系曲名。

听着，听着，我仿佛<u>看见身穿红色新衣的孩子追逐打闹，又如置身在四周皆是鞭炮的世界里</u>。你看，那五彩缤纷的舞狮，正朝我龇牙瞪眼睛，身着美丽服装的姑娘在开心地跳舞，身强力壮的小伙子在击鼓。咦，那不是我们家吗？一家人开心地围坐在一起，津津有味地吃着年夜饭，幸福感洋溢在我们每个人的脸上……

（济南市历城区将军实验学校六年级2班　曹雨嘉）

奖励题

◎老骥（jì）伏枥，志在千里。烈士暮年，壮心不已。

——曹操《龟虽寿》

第四讲　习课堂的"读"

第一节　习课堂：读什么

　　第一课时的任务一，主要读课文，读句子，读词语。句子，主要是长句子、容易读破的句子。词语有一类字、二类字、多音字、易读错字、易写错字。第一课时任务一，目的是课文读正确、读通顺。第一课时任务三，主要是读课文，读关键段、关键句、关键词。关键句、关键词跟任务四的思维导图、概括课文关联紧密。第二课时的任务一，读课文，读关键段、关键句、关键词。关键句、关键词跟任务二的片段理解关联紧密。第二课时任务三，读关键段、关键句、关键词，跟任务四的阅读理解、模仿写话关联紧密。习课堂的"读"，一方面整体感受、积累语言、培养语感，另一方面为任务二和任务四搭桥铺路。习课堂还读讲义、读资料、读板书，学有余力的学生还用课上的零碎时间，读背奖励题。

第二节　习课堂：怎么读

（一）**自由读、齐读为主**。王老师担心齐读、自由读导致学生滥竽充数，指名读才能震慑学生。实际上，自己班哪个学生读书疙瘩、哪个学生读书容易溜号、哪个学生读书心不在焉，老师心里一清二楚。自由读、齐读，老师走到那几个学生身边，侧耳听上20秒、30秒，疙瘩的鼓励一下、示范一下、带读一下，溜号的、心不在焉的，老师敲敲桌子、拍拍肩即可。指名检查滥竽充数的学生，是把学生放在了教学的对立面，如此，老师不经意的举手投足里，都会折射出怀疑、不信任、揪小尾巴。**教育的基础是信任和欣赏**，哪怕是后进生。没有了信任和欣赏，师生相遇注定了彼此痛苦。不想读的学生经常不举手，你能怎么办？大多情况下，举手的学生都有表现欲，自认为读得不错的，指名读成了少数朗读优等生的舞台。点名不举手的学生，学生读不好，等于出他的洋相。老师的当堂辅导在"洋相"的作怪下，奏效的可能性很小。不举手的学生读了、指导了、再读了，确有进步了，其他几十个同学，每一个在无所事事中浪费了3分钟。课堂效率，不只看读的学生的3分钟是否有效，更要看不在读、不在说的49个学生的3分钟是否有效，49个才是课堂效率的主体。王老师说，震慑了这个等于震慑了一大片，其他学生也不敢滥竽充数了。我们的一厢情愿罢了。后进生都早已百炼成钢，一次指名读能震慑到，他们也早不是后进生了。习课堂的读，着力确保每一个学生都有读的时间和读的权利。任务一10分钟时间，学生自由读和齐读8—9分钟，留1—2分钟给老师课堂组织、课堂管理、课堂激励、课堂示范。习课堂常说，一下课学生想喝水，对了，说明学生都张开嘴巴读了，读充分了。习课堂也有男生读、女生读，左边同学读、右边同学读，男生读女生画关键词句，女生读男生画关键词句。读累了，一半学生读一半学生休息一下。习课堂有多次自由读全文，加起来少则五六分钟，多则十来分钟，这个时间可以个别辅导，也可以个别交流。递上一个鼓励的眼神，说上一句指导的话，那是专属于这个学生的眼神、专属于这个学生的话，最有针对性的交流。齐读时，老师可以走到后进生那里，蹲下来听。不要期望后进生能读得声情并茂。朗读是一门艺术。只要是艺术，就有人喜欢，也有人不怎么喜欢；有人有天赋，也有人没天赋。后进生读正确要给一个大拇指，读流利要给两个大拇指。一篇课文两课时80分钟，习课堂给学生30分钟自由读、齐读，老师关注后进生、管理后进生，当堂读通顺读流利没问题。有进步的关键还是反复练习。担心不指名后进生读，后进生不会好好读，这不是教学的事，而是态度的事。态度本质上属于课堂管理的范畴。管理到位了，后进生不装模作样了，不跟老师玩猫捉老鼠的游戏了，读正确、读流利没什么难的。后进生的"读"，课堂上，老师不要站在后进生的对立面去"逮住"他，而是管理他，激励他，鼓舞他。而这，正是习课堂的长处。

（二）**重示范读**。任务一和任务三的"读"，教师版的任务单上也没写什么朗读指导要领，习课堂认为，老师的朗读示范胜过一切的朗读指导要领，自己不会朗读的老师才会说这里要读重一点、那里要读轻一点，这里要有感情一点、那里要美一点。朗读这事儿，说破嘴皮子，不如读出个样子。1.0版任务单，提供了不少朗读指导的干货，2.0版删了绝大多数。我们担心一线老师以"朗读指导要领"去指导朗读，而不是用自己的示范。一个语文老师能进行朗读示范、写字示范、写作示范，本来不值得拿出来说道。由于师资招聘不看重朗读能力、写字能力、写作能力，导致朗读好、写字好、写作好的"三好"语文老师越来越少。语文老师的朗读示范要向体育老师学习。体育老师教广播体操，不从"一二三四五六七八"示范到"八二三四五六七八"。体育老师示范第一节的"一二三四"，学生会了，再示范第一节的"五六七八"，学生会了，再示范第一节的"二二三四"……一小步一小步。语文老师要能"一小句一小句"地示范。一小句一小句地读，相当于读着读着被打断，难在节奏，难在入情入境。老师读得动人，读得感人，读得入情入境，什么枯燥啊，什么没有层次啊，什么没有语文味啊，都不攻自破。教师版任务单上，没有专门安排老师的示范朗读，不是说示范朗读不重要，而是老师的示范朗读要随时随地随机，一听到学生读得不太好、不到位，老师就要"听我读、跟我读"。"听我读、跟我读"是习课堂最动听的声音。第一课时任务一学生读词语、读长句，老师可以范读。学生自由读，老师听到共性问题，可以范读。第一课时任务三学生读关键段、关键句，要随时示范。第二课时的任务一、任务三的重点段、重点句，老师更有必要范读了。习课堂，最怕老师的"耳朵"听不出学生读的问题，听出了也做不了示范。如此，不管用什么方式，用什么课堂，语文课大概率都是枯燥的。习课堂还有学生示范读。班级朗读小能手带着大家读，形式上看起来像"指名读"，本质上是小老师示范。多请朗读小能手当小老师示范读。学生的字有比我们好的，普通话有比我们标准的，朗读有比我们饱满有激情的。四到六年级，哪怕老师的朗读能力很强，也要"示弱"，成立班级"朗读达人团"。第 5 课小张同学读，第 6 课小李同学读，第 7 课小江同学读，第 8 课小王同学读，学生循环示范，半个学期或一个学期，给"朗读达人组"颁发小老师证书。同学的示范能激起大家的赶超心理，"朗读达人团"可以不断扩编。习课堂的"神"，在任务一和任务三的"读"。读正确、读流利是保底，每个学生都要做到，部分学生能读出感觉、感情。强调一下，所有同学读正确、读流利是基本盘，是重头戏。

（三）配合读。习课堂管理口令，习课堂管理手势，习课堂管理印章，一段时间后师生默契了，可以有师生配合读，男女生配合读。一线带班好比夫妻过日子，要的是默契，默契了，效果好了，时间省了。师生配合读、男女生配合读，中高年级主要读清楚课文层次、段落层次。如老师读段落中心句，男女生交叉读后面的三个内容；老师读总起句、总结句，学生读中间主体；老师引读三次，学生读三个段落，从而明白了三个段落的并列关系或者递进关系。老师明了课文的层次、段落的层次，怎么配合都可以。如三上的《秋天的雨》，第二、三、四节的总起句分别是"秋天的雨，有一盒五彩缤纷的颜料""秋天的雨，藏着非常好闻的气味""秋天的雨，吹起了金色的小喇叭"，师生多次合作读，既能读清楚段落的结构，又能整体把握课文，有利于完成思维导图。再如三上的《总也倒不了的老屋》，老师三次引读"老屋第一次要倒下，小猫来了""老屋第二次要倒下，老母鸡来了""老屋第三次要倒下，小蜘蛛来了"，读清了层次。习课堂不急吼吼地训练默读。默读听不见、摸不着，不便管理。习课堂用了一学期或者一学年，课堂组织、课堂管理、课堂激励跟上去了，再默读也来得及。同时我们认为，默读的主阵地不在课文、不在课堂，而在课外阅读。习课堂"刚需作业不出课堂"，学生回家多读书、多默读。

（四）**读资料**。资料内容不多，齐读、自由读都可以。有的讲义、资料内容比较长，先自由读一两分钟，再读关键词句，掌握关键信息。如读《枫桥夜泊》的资料，"这首诗写了诗人停船夜宿时忧愁、孤寂的心情。诗人以舟泊暮宿为背景，触景生情，把写景同自己的真实感受结合在一起，表达了诗人对故乡的思念及感慨人生的复杂心情"。自由读后，反复读关键词"忧愁、孤寂的心情""对故乡的思念""感慨人生"即可。

（五）**读讲义**。学生不懂的、想不到的，非"讲"不可的，习课堂以"PPT讲义"的形式出示。读讲义，一般都在读了关键段、关键句后。张老师按着任务单的流程：读句子、读讲义，结束。不对。读句子，再读讲义；读了讲义，再读句子。句子和讲义要反复读，对应读，呼应读，而不是讲义归讲义、内容归内容。以《冀中的地道战》为例，学生读了关键句："洞口准备着土和沙，可以用来灭火。""'孑口'上装着吊板，如果敌人放毒气，就把吊板放下来挡住，不让毒气往里透。""对付水攻的方法更妙了，把地道跟枯井暗沟连接起来，敌人放水的时候，水从洞口进来，就流到枯井暗沟里去了。"再读讲义"地道可以防火攻、防水攻、防毒气"，然后，老师说"防火攻说的是"，生读第一句；师说"防毒气说的是"，生读第二句；师说"防水攻说的是"，生读第三句。讲义、句子对应着读，读清楚，读明白。

第三节　习课堂：读的动力

（一）变化。无不无聊、乏不乏味，不在于做什么，而在于跟谁做。跟有聊的人一起，无聊的事也会有聊；跟无聊的人一起，有聊的事也会无聊。一篇感人肺腑的课文被上得味同嚼蜡的事儿，每天都在全国各地的教室里上演。"一二三、坐坐好"，有聊的老师用出了小朋友喜欢的模样：老师快速喊"一二三"，学生快速回"坐坐好"；老师响亮地喊"一二三"，学生响亮地回"坐坐好"；老师轻柔地喊"一二三"，学生轻柔地回"坐坐好"；老师喊"一、二三"，学生喊"坐、坐好"……课堂管理口令都能玩出那么多花样。读书，打节拍读，加动作读，加表情读，加语气词读，小老师领读，大老师领读……打节拍读又可以有手打节拍读，脚打节拍读，点头打节拍读，学生击掌打节拍读。初用习课堂，老师最要管住嘴，话越少越好，像报幕员："读词语""读句子""自由读课文""齐读课文"。"矫枉"需要"过正"嘛。管住了嘴，学生能当堂完成任务单了，老师可以从"报幕员"转为"主持人"。主持人可以有简练的串词。四上《麻雀》的关键句："可是因为紧张，它浑身发抖，发出嘶哑的声音，准备着一场搏斗。""可是它不能安然地站在高高的没有危险的树枝上，一种强大的力量使它飞了下来。"读第一句，老师简练串词：老麻雀想拯救小麻雀，可是……学生按读第一句。读第二句，樊老师简练串词：在它看来猎物是个多么庞大的怪物,可是……学生接读第二句。初用习课堂,老师说"关键句读2遍"即可。管住自己的嘴了,学生作业速度上去了,习课堂的"读"要有过程,以《麻雀》的关键句为例:"猎狗慢慢地走近小麻雀,嗅了嗅,张开大嘴,露出锋利的牙齿。""突然,一只老麻雀从一棵树上飞下来,像一块石头似的落在猎狗面前。它扎煞起全身的羽毛,绝望地尖叫着。"第一步齐读,整体感知;第二步读动词,抓住要点;第三步看图片读,形象助读;第四步范读,模仿提升;第五步齐读,展示学习效果。

(二)**任务**。学生明白了任务一、任务三的"读",可以帮助自己完成好任务二、任务四的习题,读的动力会增强。刚用习课堂,可以让学生先看任务二的习题,再读任务一;先看任务四的习题,再读任务三。每一次的"读"都带着目的,即人人要完成的书面作业。有需求就有动力。任务单可以当预习单用,预习只准看不准写,看到会的用铅笔打钩,看到不会的用铅笔打问号。带着任务二的问号读任务一,带着任务四的问号读任务三。每次任务一结束,习课堂都可以说一句很管用的话:考验你们读得是否认真、是否投入的时候到了,请完成任务二。任务三结束后也一样。每次都说,说上三十次、五十次,学生知道任务一、任务三的"读"有多重要,读的动力有了。

(三)**比赛**。首先跟时间比。每次自由读都用闹钟设定时间,单位时间里比谁读的遍数多。读完一遍举一根手指,读完两遍举两根手指,老师随时激励。其次跟同学比,男生跟女生比,左边同学跟右边同学比,前排同学跟后排同学比,教室左对角线切分对比读,教室右对角线切分对比读……申明,课堂管理还没有过关的班级不提倡变花样。管理不过来,所有的花样都会成为高耗低效的花招。

(四)**示范**。小学生的向师性强,老师声情并茂的朗读能大大调动学生"像老师那样读"的内在渴求。背课文的动力哪里来?示范。老师当堂流利地背出要背的段落,第一遍背慢一点,学生敢于挑战老师。第二遍老师背快一点，学生再挑战。新教师进教室第一天的第一节课对全班学生说，小学里你们要能流利背出古诗 75 首，现在请听我背。学生看着 PPT 上的一首又一首古诗，新教师背对着 PPT，一首又一首地背古诗，背了 10 来首，请学生抽后面的古诗叫老师背。一节课下来准俘虏全班学生。示范最能用实力彰显老师的魅力，也能激动学生幼小的心灵。

（五）激励。课堂激励是习课堂的关键词。老师夸的方向就是学生努力的方向。学生自由读、齐读，老师要去表扬，盖激励章，"小明的眼睛从来没有离开书本"，"小红的读书声清楚、清脆，一句一句都那么清楚"。没什么好讲的，一路走一路竖拇指，一路走一路拍拍学生的肩膀、摸摸学生的脑袋，亲昵的举动传递一个信号，老师看到你读书了，老师认可你的努力了。努力没人看见，奋斗没人鼓励，动力没了。

（六）活动。习课堂强调"每一个学生"的效率观，砍掉了不少低效的语文活动，如砍掉了指名读。怎么办？一个单元结束后，拿出一节课组织一次朗读比赛。七八个学生一组，组长自然是朗读能手。40 分钟，前 20 分钟各组练习朗读本单元的课文片段（时长 2 分钟左右），后 20 分钟一组一组展示，所有同学手里都有一张选票，朗读优胜小组可以得到 Q 币奖励。单元朗读活动成了常规活动，也能激励学生课上的朗读。课堂是主阵地，但打赢一场战斗，不单靠阵地上的英勇杀敌，还要有全局观。

第四节　习课堂：朗读误区

（一）听不到范读。朗读示范、写字示范、写作示范、阅读示范，示范是教师的本质属性。学生读不好的地方，老师最要做的不是讲解，不是分析，而是示范。会示范，知道哪里该示范，能一小步一小步地示范，是习课堂的朗读教学要点。

（二）**范读过早**。学生读过了，再听范读，可以比较，便于吸收。学生读了，老师听了，可以示范在痛处、痒处。一小句一小句地示范，一小点一小点地示范，学生学得会。教师先范读要符合两个条件：能精准把握学情，学生必有此问题；能先声夺人，动人心扉。

（三）**跟着学生读**。学生朗读，老师不要跟着读。老师的主要精力在听、在看，听学生原汁原味的读，了解读书情况。看到读书认真的及时竖大拇指，看到滥竽充数、有口无心的，及时提醒。老师听到读得好的，鼓励再读一遍，强化优点；听到不好的，叫停，示范读。

（四）**没指出好坏**。齐读后，老师要指出哪里读得好，哪里读得不好，好的地方再读强化，不好的地方再读纠正。习课堂，老师的主导地位体现在"管理"。管理者的重要功能是评价，即指出好或不好，学生才有方向，才知道调整。"大家读得不错""很有进步""读得真好听"，不行。不错在哪里？进步在哪里？好听在哪里？也有老师说"再读一遍"。为什么再读一遍？要求读得更整齐、更轻快？还是读了要能记住？只有具体地指出来，学生才能接得住。能不能指出来，关键在于老师有没有一双灵敏的耳朵，老师的心思在不在学生身上。

（五）**多读讲义和资料**。讲义和资料只有一句话，可以齐读；如较长，先自由读一两分钟，再齐读关键句、关键词。读讲义、读资料的时间不宜多，也不宜变花样读。读课文才是主角，读讲义读资料是配角。

（六）**追求遍数**。自由读课文5分钟，读一遍伸一根手指，读两遍伸两根手指。要警惕学生胡乱读了几句，伸出一根手指，又胡乱读了几句，伸出第二根手指。要揪得出班上的南郭先生，打击弄虚作假的行为。习课堂的备课要求老师读课文，并备注读了多少时间，由此能判断出班上好中差三类学生，读课文大概要多久，5分钟能读几遍。奖励诚实守信、踏踏实实读书的学生，课后惩戒弄虚作假的学生，树课堂读书的正气。

（七）**敷衍读书要求**。自由读课文前都有"要求"。老师读"要求"两字，具体的朗读要求学生读。如三上《在牛肚子里旅行》，第一课时任务一自由读课文，老师说"要求"，学生读"注音字词反复读，不会读的问老师"。学生自己读一遍具体要求，比听老师说一遍强。《在牛肚子里旅行》第二课时任务一的自由读课文，要求是"不多字、不漏字、不错字、不疙瘩，对话的段落，停顿稍短"，老师读"不多字、不漏字、不错字、不疙瘩"，这些几乎每一篇课文都有；学生只要读后面的"对话的段落，停顿稍短"，从而强化这个"不一样"的要求。

（八）**自由读一遍**。自由读的速度有快有慢，要求自由读一遍或两遍，快的学生读完没事了。公开课上，老师耐心等待最后一个学生读完最后一个字，还夸学生。不能说不对，然而这1个学生的"努力"是建立在牺牲了49个学生的课堂时间的基础上的。为了规避这个问题，习课堂提出："自由读读时间，齐读读遍数"，齐读一遍齐读两遍，没问题，谁也不耽误谁的时间。自由读读时间，即"自由读1分钟""自由读2分钟"，读了一遍还有时间继续读，谁也不浪费谁的时间。

（九）**自由读缺反馈**。自由读的好处，学生可以选择适合自己的语速和语调。自由读速度有快有慢，有的"快"是流利后的"快"，有的"快"是捣糨糊的"快"，有的"慢"是求质量的"慢"，有的"慢"是没数量也没质量的"慢"。自由读，老师要结合学生日常的读书表现，确立关注重点。老师要清楚自由读的目的，读正确还是读流利，还是一边读一边记。目的清楚了，反馈也就能有的放矢。

（十）**自由读齐读不区分**。自由读属于练习性的读，齐读属于汇报性的读。自由读的速度比齐读快，读正确、读流利课文，多用自由读。一般要先自由读再齐读。齐读能发现共性的优缺点，发现优点再读强化，发现缺点再次练读反馈。自由读和齐读要交替使用。

（十一）**老师盯着PPT**。学生读PPT，老师应该看学生，而不是看PPT。PPT不是给老师看的。老师看着PPT，后脑勺对着学生，"看不见"，哪来管理？老师眼睛看学生，**眼睛就是管理**。耳朵听学生的朗读，**耳朵就是教学**。

（十二）**缺少过渡**。习课堂经常读关键句。一个关键段可能会出现两三个关键句，从第一个关键句到第二个关键句到第三个关键句，要有简洁的过渡。不是每一句都要过渡，但也不能没有过渡。用什么过渡？可以串词过渡，便于学生理解；也可以评价过渡，"表扬小明小眼睛紧紧盯着黑板，大家读第二句"，"表扬小红读的时候点头有节奏，大家读第三句"。我个人更欣赏后者。

（十三）**平均用力**。读关键段自由读一遍、齐读一遍；读关键句自由读一遍、齐读一遍，平均用力就是机械。习课堂任务单有读的内容，没有读的遍数，读的遍数要根据实际情况来定。关键词读几遍才能记住没有定数，长句子有的班级读一遍可以过了，有的班级读三遍也未必能过。跟任务二、任务四的习题关系密切的，要多读几遍。平均用力，说明老师不知道重点在哪里，难点在哪里，要点在哪里，也不知道任务一、任务三的"读"，跟任务二、任务四的"题"存在什么关系。

（十四）**没强调边读边记**。读书要专心，要打掉有口无心、滥竽充数的读：眼睛不离开书本，不东张西望。要一边读一边记。关键词句读了马上背。"一边读一边记"了，读书必然专心。做任务二、任务四的题，不准翻书。"看书不作业，作业不看书"，能强化学生专心读任务一、任务三。"作业不看书"，大部分学生不会的题，统一看2分钟书后，再写作业。

（十五）**没动作没表情**。习课堂的朗读，一到三年级要求正确、流利、好玩，四到六年级要求正确、流利、自然。好玩，即配上肢体语言。我们经常讲朗读要感悟、要体悟。"体悟"的"体"是"身体"的"体"，年龄越小越用身体来感知世界。幼儿啃手指、啃脚趾就是在感知和认识。读书的动作和表情，要老师示范。

（十六）**没俯下身来**。学生读1分钟，老师来不及走到后面，俯下身听第一排的学生；学生读 2 分钟，老师俯下身听前三排的学生；学生读 3 分钟，老师俯下身听后三排的学生。确保注意到每一个学生。俯下身听，传递给学生一个重要信息，老师在关注我。得不到老师关注的读，会有口无心，会没精打采。

（十七）**没纠正拖调**。拖调拖的不只是调，拖走的是课堂时间，拖走的是积极思维，拖走的是学习成绩。什么样的朗读速度叫流利？一分钟 160 字以上。拖着调子读，字词到大脑的反应速度会变慢。拖调的班级，连"流利"也达不到。拖调就像小孩子不按时吃饭，看起来事小，实则事大，要舍得花大力气，要从"师生问好"练起，要从课堂管理口令练起，狠抓，常抓。

（十八）**太重视有感情朗读**。"正确、流利、有感情"，有感情是朗读的最高层次。最高层次必须建立在第一层次、第二层次上。朗读的基础是正确和流利，而不是有感情。只要做到正确、流利了，阅读理解就没什么问题。很多学生的"有感情朗读"，不管什么课文都是一个调调，这实在是拿腔捏调。贾志敏老师说像说话那样读书。朗读的重点要放在正确、流利、自然。你是什么感情就流露什么感情。**故意流露的感情，不是真感情，而是矫情**。有的老师认为，读出感情了，那就理解到位了。我看"朗读者"，作家读自己的文章，远不及朗诵家读得感人。到底是朗诵家更理解文章，还是作家更理解自己的文章？

第五节　习课堂：拓展阅读

任务单上有拓展阅读。有的在第二课时的任务三，如，四上《爬山虎的脚》第二课时任务三的《一篱蔷薇》，10 分钟时间专门读《一篱蔷薇》；四上《麻雀》第二课时任务三的《小麻雀》，10 分钟时间专门读《小麻雀》。读通了，读顺了，读充分了，再做任务四的题。任务四的答题时间可能只有3分钟、4分钟。说到阅读理解，大家都会想到答题方法、技巧。这没错。误区在于，方法和技巧之前有一个重要的基础工作——读，反复读，读熟。阅读理解糟糕的学生，只看题不看文，他们的目标太直接，直接到恨不得省略所有步骤。每个人的阅读能力是有差异的，差异还很大，就像我们的个子有差异，体重有差异，力气有差异。我搬起厚厚的一叠书，从前面搬到后面，又回到前面。我请前排瘦小的女生来搬，她搬不起。我非要她把这叠书搬到后面的柜子上。有同学出主意，分几次搬不就可以了。果然，小姑娘跑了三次，完成了成年男人一样的任务。力气的差异，多跑几遍的差异。阅读能力的差异，多读几遍的差异。力气大的，跑一遍完成了；力气小的，跑三遍也完成了。阅读能力强的，读一两遍懂了；阅读能力弱的，老老实实读四五遍，四五遍还不行，读五六遍。阅读理解重点要放在"阅读"上，"理解"是附带产品。后进生们刚好相反。这个认识上的错误、行为上的错误，导致他们连送分题都失分。语文老师说，每次跟学生强调要反复读短文，读熟了再答题，学生不听，有什么办法呢？"强调"就是"说"，"说"的作用十分有限。**要有效，多训练，在老师眼皮底下读，人人读，读到位。**

任务单上的拓展阅读更多地安排在任务四里。假设任务四里12分钟，去掉1分钟的课堂组织和小结，还有11分钟。第一题和第二题3分钟，第三题"阅读理解"8分钟。任务四的闹铃要设置三次，第一次设置3分钟完成一二题，第二次6分钟学生自由阅读选文，每个人都在老师的眼皮底下读满6分钟后，第三次设置2分钟答阅读理解的题。一、二年级任务单的补充阅读，只有"阅读"，没有"习题"，目的不只是积累和拓展，还在于训练学生读熟材料的习惯。读熟选文的习惯培养好了，后面的解题能力不会差。中高年级的拓展阅读有理解题，主要力气和时间也花在"读"上，而不是"题"上。每一张任务单上的阅读理解，重心都移到"读"

上，学生一看"阅读理解"，第一反应，先要专心致志地读，"读"是"解"的前提、"解"的基础、"解"的保证，那时再讲方法和技巧，水到渠成。每一道阅读理解，习课堂任务单都有一句话，"不读熟不答题"，别以为老生常谈，落实，落实，落实。把老生常谈的东西落实好了，我们的教育差不到哪里去。

第五讲　习课堂的"写"

第一节　习课堂：作业习惯

　　高铁上，邻座的妈妈遥控指挥儿子做作业，6个多小时，妈妈的脾气没停过。从小没养成及时作业、独立作业、限时作业的习惯，15分钟的作业熊孩子60分钟也搞不定。一会儿喝茶，一会儿开冰箱，一会上厕所，一会儿肚子饿，一会儿发呆，一会儿玩橡皮，一会儿玩卷尺。我常建议家长不要给孩子独立的书房。回家作业也好，双休作业也好，暑假作业也好，在客厅里，在餐桌上，孩子的作业在大人的视线内完成。大人尽量少讲话，不大声讲话。孩子发现大人为他小声说话，他会更自觉。习课堂，每一节课都有两次限时作业的训练，12分钟就是12分钟，12分钟的闹钟设置好，时间到，停笔。有的孩子作业没有时间观念，玩也没有时间观念，说好玩20分钟手机，40分钟过去了还说"再玩一会儿"。限时作业，孩子作业专注度和速度都会提高。

不少学生的作业痛苦并不是来自作业多，而是坏习惯。习课堂，向优良的作业习惯、作业速度、作业质量要成绩，而不是向大量机械重复的训练要成绩。我常对年轻老师说，遇到作业习惯不好的学生，不用去要求家长管好孩子的作业。孩子的作业坏习惯不是老师培养出来的，而是不懂教育的家长培养出来的。你要求不懂教育的、造成了孩子作业坏习惯的家长去改变孩子的作业习惯，可能性几乎为零。改变家长的可行性远低于直接去改变学生。家长没有培养好孩子的作业习惯，情有可原，他们不知道作业习惯的重要性。我们老师知道了而不下大力气，那才是不可原谅。学生有了好的作业习惯、作业速度、作业质量，考试成绩不用担忧。一个不是**秘密的秘密，语文能力不等于语文考试能力**。高中语文老师参加语文高考，能考进班级前三的绝对不多。周国平做自己的文章的阅读理解题，得分比侄女还惨。巩高峰的文章选入高考阅读题，面对记者的采访，巩高峰表示自己做不出来，"我估计我做出来还没有同学们做得好""现在标准答案没出来，我怎么知道自己想要表达什么啊""我又哪里知道结尾有什么意义"。作家写高考作文，匿名给资深高三语文老师批阅，得分比不上中等生。语文能力不等于语文考试能力，那么，语文考试能力等于什么？等于语文解题能力。题目都能正确解答出来了，考试能力自然强。语文解题能力又等于什么？等于语文作业能力。日常的作业都能正确解答出来的，解题能力自然强。习题写在作业本上，那叫作业；习题写在试卷上，那叫考题。语文学习要多读多写。多读了书一定能考好阅读，多写了日记一定能拿作文高分，那只能嘿嘿了。多读书、多写作可以为未来做准备。培养好作业习惯、作业速度、作业质量，可以为今天做准备。习课堂认为，两者并不矛盾。学生的作业习惯好了、作业速度上去了，作业质量提高了，能腾出更多时间读书、写日记。不正视作业问题，不去解决作业问题，20分钟的作业拖拉了1个多小时，一篇作文从周六早上8点难产到晚上8点，怎么有心思有时间大量阅读？大人怎么可能放过孩子的作业说你去看书吧？课外书看得多的孩子几乎都是作业习惯好的，他们用作业速度、作业习惯赢得了大量阅读的时间。没时间大量阅读的孩子几乎都是被作业坏习惯给害的。

刚需作业当堂完成，训练学生独立完成、限时完成的作业好习惯。习课堂任务单，要求当堂完成、当天讲评、当天订正，训练学生当日事当日毕的作业习惯。习课堂一天一张任务单，没有特殊情况不要一天两张，老师来不及批改和讲评，学生来不及订正，当日事当日毕无法达成。一册语文书二十七八篇课文，大概50个任务单，加上七八个语文园地，一周5天5张任务单，12个星期便能完成。赵老师问，一周七八节课，用了五节，还有两三节课干什么？口语交际、作文、整本书阅读、课外阅读、班级朗读比赛、单元考试等。习课堂实验班，要求老师每天找出15分钟讲评、订正任务单。15分钟哪里来？学校从来没有作业讲评课、作业订正课，然而每天都有作业要讲评和订正。以往，老师收上回家作业，批改后匆匆赶到教室，匆匆发了作业本，匆匆讲了错题，丢下一句"自己找时间订正"。大多数中后等学生互通有无。抓得住作业讲评、作业订正的班级，教学质量都不错。习课堂实验班回家没有书面作业，日常的批改和订正就是任务单。从开学第一天起，以"周"为单位，安排好每天15分钟讲评和订正时间，具体的时间八仙过海、各显神通，确保有效解决作业的"最后1公里"。一个细节的失败会导致前面所有的努力付诸东流。作业的"最后1公里"影响的不是当下的最后1公里，还影响到前面的作业速度和作业质量，影响到前面的99公里。反正最后都可以看看别人的答案，学生还会绞尽脑汁努力完成作业？

作业习惯不好的学生，双休日作业不是潦草就是开天窗。周一，既要当日作业、作业订正，又要补双休日的作业、订正双休日的作业，痛苦得死了似的，周二下午才能复活过来。周三周四周五算上了学习的正轨。一周里有四天的无效作业。有经验的老师要求熊孩子，周六的作业下午5点

QQ老师助手上传，老师电子批阅后返回、订正。周日也如此。熊孩子无处可逃，久而久之，作业习惯慢慢好起来。寒暑假作业，有的学生一个星期全搞定，寒暑假作业失去了温故而知新的功效。有的学生假期结束前三天急吼吼完成，自然也没了价值。开学百事忙，每个学生一本暑假作业，厚厚一大叠，批吧，头皮发麻；不批吧，学生以后怎么可能重视暑假作业？从头至尾讲一讲吧，早做和晚做、自己做和听答案做没区别。有经验的老师，放假前一天布置第一天要完成的假期作业，完成后上传，教师批阅；放假第一天布置第二天要完成的假期作业，完成后上传，教师批阅；放假第二天布置第三天要完成的假期作业，完成后上传，教师批阅……暑假作业起到了复习、巩固的作用，学生的心思也就不会彻底涣散，老师们到了开学也不会面对着一大堆暑假作业皱紧眉头。作业质量的背后是作业管理，管理什么？作业习惯。

第二节　习课堂：作业正确率

　　初用任务单，正确率比预期低，不用着急，也不用灰心。阅读能力、记忆能力、作业能力不是一下子提高的，也不是一下子降低的。用了习课堂，学生的答题正确率突飞猛进，绝对骗人。反过来，用了习课堂，学生的答题正确率立马一落千丈，绝对不科学。以往的作业不是课间做的就是回家做的，都在老师的视线之外，有的问同学，有的问家长，有的问网络。普通学校的普通家长，没时间教，没耐心教，也不会教，所谓的"教"只是说说答案。这样的作业正确率叫虚假繁荣。习课堂，老师不明讲答案，作业又在老师眼皮底下完成，正确率不降下来才怪。好坏要看参照物。参照姚明，我们都是矮子；参照七个小矮人，我们都是高人。正确率也要看参照物。任务单的正确率应该跟什么比？跟考试比。任务单限时、独立完成，跟考试要求一致，它对标的是考试。期末考试平均分是75，那么第一课时、第二课时的平均错误率应该高于25%，错误率大概在25%－35%。为什么？考试75分，日常作业分不过70分，经过单元复习、期中复习、期末复习，提高5分。期末复习两个星期，因故只给复习2天，没有一个老师能放心的，可见复习的功效。日常作业分90，期末平均分75，那说明作业都是水分，骗人。第一课时的任务单的习题比第二课时的简单，假设期末考试平均分75，第一课时的任务单可以得80分以上，第二课时的任务单大概率在70分以下，这叫正常。正确率的高低还要考虑任务单的难度跟试卷的难度的对比。试卷的难度比任务单高，任务单的正确率高一点也别开心；试卷的难度没任务单高，任务单的正确率比前面测算的低一点，也没什么大不了。

任务单的正确率，我们按第一课时、第二课时来分析。

第一课时任务二的习题：抄写词语、选择读音和默写词语。当堂抄写、当堂默写，目的在于培养学生"边抄边记"的习惯。中后等生都没有"边抄边记"的习惯，他们抄写词语只为了完成作业，只求速度，不管质量，抄错了也不知道，第一行抄错了，第二行跟着第一行的错，抄完了也不检查。他们不知道抄写的目的是为了记住。第一个月用习课堂，他们还以原来的态度来抄写，当堂默写一定糟。有的老师一看学生当堂听写错了那么多，当堂不听写了，学生回家听写一遍，第二天课上再听写，那是没有明白习课堂"当堂听写"的目的。学生养不成"边抄边记"的好习惯，一番事情总分两次做，一次抄写，一次准备默写。当堂抄写、当堂听写，持续了一段时间，学生明白了，这事铁打了，不变的，必须去适应。抄写8个词语要当堂听写，抄写16个词语也要当堂听写。一个人的本事往往在稍微超过他的接受范围、接受能力的地方，加以持续训练。刚开始当堂默写，默写前给学生看1分钟，再给看40秒，再给看30秒，以后不给看了。有的学生抄写不上心，错得离谱，要适当惩戒。如，高年级听写8个词语，错1个每个订正2遍，错2个每个订正4遍，错3个每个订正8遍，错4个每个订正16遍……以此类推。错得越少，订正越少；错得越多，订正越多。适当惩戒是教育的一部分。当然也可以设个上限，如不超过16遍。课堂教学是主阵地。有主阵地必有副阵地。占70%—80%的主阵地全抓好了（不可能），20%—30%的副阵地也不能丢；丢了副阵地，主阵地抓再好，也不过70%—80%。常规的复习、巩固等是20%—30%的副阵地，复习词语默写、巩固词语默写、复习背诵课文、巩固背诵课文、复习任务单上答正确的题目、巩固任务单上订正的题目、单元复习、期中复习、期末复习，都是副阵地必要做的。

第一课时任务四的习题：思维导图和概括课文。思维导图填好了，概括课文就简单了。关键是思维导图。思维导图可以把握课文的主要内容，了解课文的基本结构。有一项很重要的作文能力叫"构思"，写之前把作文的基本框架想清楚，写起来不会脚踩西瓜皮。好比造房子前要有图纸。没有图纸造出来的房子，结构很少有合理的，外形很少有美观的。思维导图还原课文的"图纸"，"图纸"见多了，脑子里有各种各样的"课文图纸"了，学生作文前也能画出一张"图纸"，作文肯定有进步。思维导图的作用不只是阅读，也在作文，确有一定的难度。难在大多数学生没有用过思维导图，对思维导图浑然不知，也不知道填写思维导图一般都是关键词、关键短语。怎么办？讲评时要用好"每一课"的思维导图的例子。通过例子告诉学生，思维导图就是围绕一个中心，画出发散的内容。课文有一个总起句，中间有三个段落都是围绕这个总起句写的，课文总起句就是"中心"，三个段落就是发散的内容。中间的三个段落也有段落总起句，那就是"小中心"，围绕"小中心"又有几个小内容。以上是特点突出的、一看便知的"中心"和"内容"。也有隐藏的中心和内容，遇到了再讲解、再分析。哪怕用一个学期，学生熟悉了思维导图，第二个、第三个、第四个学期，以后的每个学期顺手了，对学生识记课文、概括课文、作文构思都有很大益处。

第二课时任务单的习题。主要有三类：课文理解；写话；课外阅读。

（一）关于课文理解。王老师说习课堂"不讲"导致错得多。习课堂非但"讲"，而且"讲"内容、"讲"方法、"讲"要点、"讲"背景，习课堂拒绝没有准备的讲，随心所欲的讲。习课堂的"讲"在哪里？①**读句段**。第二课时任务一和任务三，都有读关键段、关键句，关键句上往往还有加点字，精准提供任务二、任务四的答题要点。熟读它们，是完成任务单理解题的最好的帮助、最大的帮助。答案讲出来，看起来最直接、最有效，实则是最简单、最粗暴、最无效。留下的灾难是"作业吃钩，考试吃叉"。任务二和任务四的"读"决不能缩水。任务单正确率高、速度快的学生几乎都发现了任务一和任务二的关系、任务三和任务四的关系。有老师为了任务单正确率，给任务二、任务四更多的作业时间。课堂时间是个常数，任务二、任务四的时间多了，任务一、任务三的时间一定少了。关键句段学生少读了，任务二、任务四学生自己去找、去读，时间必然来不及，多了一个"找"嘛。后进生能找到关键句的概率也不大。习课堂用得好不好，不在于任务二、任务四，而在于任务一和任务三的读。学生读得是不是充分，是不是投入，是不是读明白了跟任务二、任务四的关系。②**读讲义**。以往，讲的内容从老师嘴巴里讲出来，学生用耳朵听。现在，老师用PPT出示要讲的内容，讲的内容由学生的嘴巴读出来。老师讲三五遍，不如学生自己读两遍。习课堂任务单上的"读讲义"，老师可以班本化处理，基础好的班级可以删去一点"读讲义"，基础不好的班级可以增加一点"读讲义"。灵活度由使用者定。③**读板书**。转身写板书的次数越多、时间越长，课堂纪律问题越大。课堂要向管理要效益。习课堂为数不多的板书是重点和难点，习课堂的重点和难点十分清晰——任务二、任务四的重点和难点。板书那么少能行吗？习课堂，能设计好的都已经放进任务单，如任务一的思维导图，就是以往老师写在黑板上的。任务单给了每一个学生一份"待完成"的板书，人人参与进来动脑筋完成的板书。所以，任务单也是学生单元复习、期中复习、期末复习的复习单，不要一做了之，束之高阁。④**读资料**。"读资料"里有社会背景、创作背景、生平等，也跟任务二、任务四的习题有关系。习课堂最看重宝贵的课堂时间，不是必须的不会拿出来占用课堂时间。语文学科太博大了，要讲、能讲的东西太多了。古诗的"读资料"，不只有创作背景，还有价值和意义。任务单上的"读资料"要反复读。资料比较长，自由读后重点读关键词句。古诗赏析和古诗内容要呼应读，赏析说"古诗的前两句……"，读后马上读前两行诗句；老师读前两行诗句，学生再读赏析。后两句的赏析和诗句也如此。附带说一下，古诗里的注释要读到记得住、用得出。习课堂看重"一边读一边记"。注释不读到记住，学生边答题边翻书，那不是走过场是什么？⑤**"学习好帮手"**。低年级叫"学习好帮手"，高年级叫"学习小贴士"。任务二和任务四的"学习好帮手"，有的提供了解读思路，有的提供了解题方法，有的提供了巩固窍门，"学习好帮手"就是在教方法。"学习好帮手"往往在题的下面，学生有可能没当回事。学生答题时老师要提醒，必要时扼要解释。还以古诗为例。习课堂没有专门讲解古诗的意思，读讲义也没有。这个内容放到任务四里了。任务四有"根据意思填写诗句"，这不难。千万不要忽视了"学习好帮手"说的"读读诗句的意思"，这个环节以"读"代"讲"。⑥**个别指导**。任务二和任务四的答题时间比较长，课堂管理跟上后，学生作业时老师要个别指导。老师的指导要简洁，不拖沓。习课堂要求把"做任务单"作为备课，自己做过了，知道深浅了，指导起来得心应手了。任务单上的题，老师没做过，辅导时光看题、想答案、理思路，也要耗去一两分钟。一两分钟，多宝贵！可能的话，三五个后进生靠近坐，既可以集中管理，也便于集中辅导。习课堂大多数时间都在读、写、背，后进生坐一起没什么时间开小差，问题不大。

(二) **关于写话**。写话的好坏其实跟作文的好坏关系更密切。任务二或任务四的写话，学生写不出来，可从三个方面来反思：①**我写了吗?** 一线老师备课和上课两张皮十分常见。习课堂不要老师做无效劳动。习课堂要求老师备课备到心里去——做一遍学生任务单。老师问，"抄写"要不要做? 要。"写话"要不要做? 要。抄写不只要会写，还要写好。老师认真抄写，一笔一画抄写，课上随时说出哪个笔画不到位，哪个结构出了问题。学生任务单收上来，老师用红笔做的任务单贴出去，每一个字都是影响。语文老师的语文能力重于他的语文教学能力。写话，只有"写"过才知道难点在哪里，哪里要点拨，又该怎样点拨。点拨的最好方式叫举例子。自己写过的片段就是最好的例子，现身说法的例子。②**我指导了吗?** 习课堂强调"不讲"，唯一要求"讲"、支持"讲"的，就是写话写片段。写话要学习课文的什么，句式、结构、内容、修辞，要清清楚楚地告诉学生。《月光启蒙》的片段写话，乐曲转化为文字的秘密要有"像""好像""仿佛"，想象的内容要跟乐曲名有关，《月光启蒙》要朝着月光想，《春节序曲》要朝着春节想。这两点讲清楚了，学生写起来不会无所适从。③**我导读了吗?** 写话的"讲"当然不是喋喋不休的"讲"，讲到点子上，精讲。精讲了还要"读"。"读"的是例子，"导"的是方法，例子和方法结合起来才清楚。

　　(三) **关于课外阅读**。任务单上的课外阅读的习题偏少，也不难。低年级课外阅读不留习题，读通顺、读流利。中年级有一道习题，高年级有两道习题。习课堂的课外阅读的设计理念，不用习题为难学生，不用习题败坏学生课外阅读的胃口。阅读理解能力的核心是大量阅读。大量阅读好比武侠小说里的内功，解题好比拳法。拳谱有了，没有内功照样输。每一节语文课，学生把该背的背了、该抄的抄了、该默的默了、该写的写了、该答的答了，刚需作业不出课堂了，回家可以大量阅读，习课堂这样实现"少做题、多读书"。习课堂这么从现实出发解读课程标准："少做题"不是不做题，也不是连刚需作业都不完成。这个"少做题"是回家少做题、不做题，回家的时间还给学生"多读书"。当前，多少老师课上讲讲讲、问问问，该背的没背、该抄的没抄、该默的没默、该写的没写，回家作业一大堆。学校里没时间大量阅读，回家也没有时间大量阅读。没有时间练内功，整天练技术，整天想着红烧还是白煮，爆炒还是油焖，终于有一天搞清楚了，准备下锅了，才发现肉没了！读熟阅读材料比答题更重要。阅读课外材料要专门设定闹钟，给专门的时间读充分，不折不扣地执行"不读熟不答题"，"读熟"比"答题"重要。

第三节　习课堂：思维训练

以往的课怎么训练学生思维？老师提一个问题，几个学生举手回答。积极主动的学生思维得到了训练，懒得动脑的学生滥竽充数，开开小差、做做小动作。我们常把 10%－20%精英学生的思维得到训练，误以为是整班学生的思维都得到了发展。习课堂不是不提问，而是变口头提问为书面提问；习课堂不是不提问，习课堂是通过书面提问、书面回答，让每一个学生的思维都得到训练。口头提问，永远是那么几个积极主动的学生。70%以上的学生基本不发言，永远是听众。40 分钟的课，除去老师讲讲问问，剩下的时间 30%的学生露个脸、发个声，很不错了。任务单上的书面提问针对 100%的学生，100%的学生同一个时间里同时练习，同时回答这个问题，全面训练、全体训练。口头提问，老师问了 A 同学，又请 B 同学补充，再请 C 同学谈谈，最后请 D 同学小结，前后 3 分钟，真正参与提问、思考过程的只有 4 个同学。并且，这 3 分钟是打碎了 3 分钟，平均到每个发言学生的时间不过二三十秒。习课堂书面提问，完成任务二第二个问题，3 分钟里每一个学生都在参与、都在思考，每一个学生都有完整的 3

分钟。思维的深度需要时间的保障。习课堂的书面提问，可以减少提问的随意性。一线老师的课堂口头提问 40 分钟超过 80 个问题。没有一个老师会在教学设计上写 80 个问题，那会吓着自己。问题怎么来的？随意增加的。随意增加出来的问题哪会有什么思维训练的价值？比起充满不确定性的口头问答式训练，写入任务单里的书面问答更全面，更系统，更严谨。

从现实出发，而不是从脑子里的理想出发，才能实事求是，才能踩结实，教育才能扎实。减少提问的随意性，一堂课三五个有价值的问题，才会有真正的思维训练。三五个问题，完全可以预设；可以预设就可以写下来，写入任务单。临时想到的问题说明备课不充分，关键问题疏忽了。临时想到的重要问题有没有？有。既然临时想到了非常重要的问题、非问不可的问题，那么千万不要口头提问，口头提问只给极少数积极主动的学生锻炼的机会。杂志社想要刊登我的讲稿。我找人录音整理后，花了三天时间改成过得去的书面文章。只有写下来，思维才会得到系统、细腻、通达的训练。写，**最好的训练思维的方式**。每个人都说了一辈子的话，然而几个人的思维是系统、细腻、通达的？任务单的书面提问，它的思维训练力度和宽度，远超口头提问。

第四节　习课堂：教师工作

任务二、任务四，学生专心答题，老师干些什么呢？

（一）**组织到位**。有一句很好玩的课堂管理口令："拿起武器，开始战斗。"学生喊了"开始战斗"，不能马上答题，而是摆出"开始战斗"的姿势：打开任务单，翻到要答题的那一页，手里拿好笔，胳膊肘放桌上，手臂 90°竖直，眼睛看着屏幕，等待老师说"开始"并启动计时器。老师呢，查看全班同学都做好了"战斗"的准备，才能启动计时器。老师要以表扬或督促的方式，提醒拖拉的学生，如"小明已经准备好了""第一小组已经全部准备好""第三小组还有一位同学没准备好，加速！"一开始这样的组织可能需要 15 秒、30 秒，每次都这么组织，三五秒即可完成。

（二）呈现数字闹钟。 习课堂任务单配套的 PPT 里没有插入闹钟。任务单上的作业时间是预估，不同地区、不同学校乃至同一学校同一年级的不同班级，作业速度都有不同。任务二、任务四的答题时间多在 5 分钟以上，用带数字的 PPT 闹钟最合适，学生抬头便知还剩几分钟，从而确定是背奖励题，还是看要默写的词语，还是检查前面的习题。

（三）调整作业时间。 PPT 设置的时间不可能每次都很恰当。90% 以上的学生都完成了，闹钟显示还有三四分钟，老师可以提前宣布"时间到"，表扬学生提前完成任务，打败了时间。10% 的学生没有完成不是坏事，紧迫感、紧张感才能刺激学生的作业速度。每次所有同学都完成，那就不能训练到作业速度。训练作业速度是当堂作业的目的之一。

（四）提醒学生坐姿。 老师每 2 分钟喊一次口令"小身板，挺起来"。不用去看学生的坐姿有没有问题，肯定有问题。喊了口令要看学生的"小身板"是不是真的"挺起来"了。没有真的"挺起来"，喊第二遍、第三遍口令。口令的目的是改变学生的行动。不管行为的改变，那不是喊口令，而是喊口号。

（五）管理个别学生。 任务二、任务四刚开始答题，老师站在讲台前不动，巡视全班 30 秒，然后走到不定心的学生身边。这个不定心的学生那里站上 30 秒，那个不定心的学生那里站上 30 秒，同时兼顾周边同学的作业状态。

（六）示范写字。 王老师埋怨学生的字迹不工整。最好的教是"示范"。任务二，老师给 5 个学生示范 5 个字；任务四，又给 5 个学生示范了 5 个字，一天天，一课课，带班靠天长日久。

（七）提醒检查。 有的学生答题速度快得惊人，有两个原因：任务一和任务三的"读"很到位；作业速度训练出来了。老师要提醒他们、管理他们做好两件事：一是字迹工整。每次作业前喊出"一笔一画，我能行""字迹美观，我努力"的作业管理口令。二要检查作业。莫老师的教学质量总是顶呱呱。他说自己的法宝是训练学生检查作业的能力和习惯。批改作业，莫老师不直接打对错，而是写上"错3个"，学生自己去检查。学生检查后交上来，原来错3个现在错5个。于是莫老师缩小范围，写"第一大题错1个""第三大题错1个"，渐渐地，检查能力出来了。莫老师说，检查能力没有训练出来，每次考试老师千叮咛万嘱咐"做好了检查检查再检查"，一点用也没有。习课堂，作业速度快的学生要当堂训练作业检查能力。

（八）**强调审题**。每一次当堂作业都是训练学生审题习惯的好时机。学生答题，老师走下去发现用笔圈画出题干关键词的学生。刚开始，用水笔圈画关键词的也要表扬。圈画关键词的人多了，再表扬用铅笔圈画关键词的。用铅笔圈画关键词的人多了，再表扬完成了作业又把关键词擦去的学生。一步一步来。题目有陷阱，可以表扬"小红圈画了'错误的'3个关键字"，既表扬了人，也给别的同学以启发。

（九）**发现速度**。作业速度来自：专心，绝不东张西望；不会做的题目先跳过；有紧迫感。一个小东西滚落下去都没发觉的学生，前边一个学生的文具盒掉下去他眼皮都没有抬的学生，老师给他盖章都没有转一下脑袋的学生……要表扬。老师要时不时喊一句，"小明已经抄写了5个词语了""小红已经完成了第一题了""小新已经完成第二题了"。

（十）**发现"第一"**。第一个完成第一大题的，第一个完成第二大题的，第一个完成检查的，第一个发现自己答错的，第一个全对的，第一个一气呵成没修改的，第一个紧锁眉头思考的，第一个把橡皮借给同桌的，第一个调整坐姿的，第一个用力写作业后甩甩手的……

（十一）**及时激励**。辛苦的工作只要得到丰厚的回报，辛苦便是幸福。

学生答题，老师时不时给学生以"回报"。老师要像勤快的小蜜蜂穿梭在教室里，不断地把甜蜜的"蜜"——习课堂激励印章，盖到学生的任务单上。除了印章，还有大拇指，还有赞赏的眼神。作业时能用手势、工具替代说话的，尽量替代，保持教室的安静。

（十二）**辅导后进生**。后进生答题需要老师的帮助。当堂辅导后进生，建议多说悄悄话，也可以用笔圈画题干的关键词，帮后进生画出片段的关键句、关键词。

（十三）**心怀全体**。任务二、任务四，老师在教室里巡视，既不能总是抬着头走路，边走边看，也不能弯着腰、低着头，从第一排第一个看到第一排最后一个，再从第二排最后一个看到第二排第一个。看两三个后要站起来扫视全体。要能及时发现举手的同学，及时发现需要帮助的学生，需要管理的学生。

（十四）**统计激励章**。一堂课结束了，王老师让得到三个章的举手、四个章的举手、五个章的举手，统计过程占用了不少宝贵的课堂时间。学生做任务四，老师巡视时要有一个心眼，估计出应该表扬获得几个章的。有的老师每个单元都给学生发一张用来"盖章"的纸，一目了然。其实每一节课都盖激励章，数量基本相似。

（十五）**表扬性小结**。任务二时间到，老师要马上用课堂管理口令进行课堂组织，课堂组织到位了，不能马上进入任务三，用30秒夸两三个有进步、有亮点的学生。任务四也如此。30秒的表扬，是激励，是小结，也是过渡。

（十六）**背奖励题**。刚开始，只要学生完成作业大声读背老师就盖章。一个月后成了班级习惯了，不用再专门表扬。有的学生读背声音太响，老师要提醒他声音稍轻，有的学生背诵只张嘴巴没声音，那要提醒他放出声音来。

（十七）**情感交流**。有的交流小声说，主要说给这个学生听的；有的大声说,既说给这个学生听,也说给全班学生听。有的手势交流,有的眼神交流,有的拍拍肩,摸摸脑袋。任务二、任务四的"一对一"的情感交流,哪怕一秒钟、两秒钟都可以让这个学生一节课变得温暖、安全。

第六讲　习课堂时间管理

第一节　习课堂：效率公式

　　一个人的工作效率＝一个人的工作总量÷一个人的工作时间。科室小张的工作总量是100，工作时间是8小时，工作效率是12.5。科室小王的工作总量是50，工作时间也是8小时，他的工作效率是6.75。科室的平均工作效率是(12.5＋6.75)÷2＝9.375。作为管理者，不会看小张的工作效率是12.5，就说这个科室的工作效率是12.5，也不会看小王的工作效率是6.75，就说这个科室的工作效率是6.75。管理者看全体。课堂效率＝课堂工作总量÷课堂时间。这个"课堂工作总量"，不是指老师干的活而是学生干的活，即，课堂效率＝课堂学习任务总量÷课堂时间。**一堂课的课堂效率，不看个别学生而是全班学生。**课上，一学生站起来回答3分钟，要特别关注其他49个同学的3分钟有没有效率；一学生站起来朗读3分钟，要特别关注其他49个同学的3分钟有没有效率。回答、朗读的学生是有效的，另外的 49 个同学处于可听可不听的无效状态，那么课堂有效率只有 2%。

一个班级 50 个学生，每个学生都有 40 分钟。一个班级 50 个学生，时间总量是 2000 分钟。老师备课多花了 20 分钟，让课堂节省了 5 分钟。划得来吗？初看划不来，多花 20 分钟减去节省到的 5 分钟，那不浪费了 15 分钟吗？没有老师会这么想，因为一个班级 50 个学生，每个学生都节省了 5 分钟，即 $50 \times 5 = 250$ 分钟。扣除老师的 20 分钟，$250 - 20 = 230$ 分钟，时间总账赚了 230 分钟。算这笔账，我们很容易明白课堂不是"一个"学生的，而是"每一个"学生的，每一个学生都有 40 分钟。课上小明回答 3 分钟，小红朗读课文 3 分钟，小林朗读 3 分钟，小新积极发言 3 分钟……加起来正好 40 分钟，是不是把 40 分钟的课堂时间全还给学生了？错了错了。时间只是还给"单个"的小明、小红、小林、小新，而不是"全体"。50 个人的课堂时间总量是 $50 \times 40 = 2000$ 分钟，不是 40 分钟。把课堂还给学生，就是要把课堂时间还给"每一个"学生，"每一个"才是关键词，才是习课堂的使命。这 5 分钟自由读，每个同学都在读，有效时间为 $50 \times 5 = 250$ 分钟。这 8 分钟，每个同学都在写，有效时间为 $50 \times 8 = 400$ 分钟。面向全班的"每一个"，面向四五十个学生的课堂时间，课堂效率就会发生根本变化。所以，习课堂不要口头提问，口头提问后站起来的回答都是针对"个体"的。所以，习课堂不要指名读，指名读的时间只还给了读的那一个人。只要你"一个一个"地关注，必定会关注了这一个，疏漏了那一个。习课堂的解决方案很老土，老土到没有人相信——集体行动。同一个时间内，大家一起读、大家一起背、大家一起写。老师的职责是组织、是管理、是激励，让班级里的学生成为一个有组织有纪律有奖惩的学习共同体。教学不能只关注尖子生、积极主动的学生，那不公平且整体效率低下。人人有机会，人人动起来，从这个意义上讲，公平就是效率，公平就是最大的效率。

第二节 习课堂：时间驱动

习课堂有两个驱动，一个是任务驱动，即习课堂任务单；一个是时间驱动，每一个任务都设定了时间，课堂效率＝课堂任务÷课堂时间。任务驱动有看得见、摸得着的任务单，时间驱动有看得见、摸得着的闹钟。**可视化，学习效率的看得见的保障**。闹钟是用来管理时间的。管理谁的时间？老师的时间。谁浪费了课堂时间？手里有钱是浪费钱的前提。手里掌握着时间是浪费时间的前提。老师说上课就上课了。下课铃响了，老师说"再讲2分钟"，学生只能在凳子上再坐2分钟。课堂时间掌握在老师的手里。课堂时间往往都是老师浪费的。课堂上需要对老师进行时间管理。学生的时间是顺着老师的时间走的，就像月亮是绕着地球转的，地球是绕着太阳转的。老师的时间管理好了，学生的时间自然管好了。习课堂上，一次又一次地使用闹钟，表面看是管理学生，背后是管理老师。一节课上用了7次闹钟，总计22分钟，这22分钟老师不能动，硬生生还给了每一个学生读、背、写。

一节习课堂用闹钟5—8次。任务一，自由读课文2次，用2次闹钟；任务二，完成1次练习，用1次闹钟。任务三，自由读课文1次，用1次闹钟。任务四，完成1次练习，用1次闹钟。一节课用5次闹钟。任务一、任务三，要一边读一边记，有可能要给学生读记30秒、60秒，用一两次闹钟。任务四，可能有课外阅读，读熟阅读材料要专门给时间，用1次闹钟。综上，一节课要用5—8次闹钟。时间切得越小，管控越紧，浪费的可能性越小。男孩月入6000元，3000元还房贷，1500元伙食，500元日常开销，500元朋友交往，500元准备人情往来。这个男孩很靠谱。王老师说，管控得越紧，浪费是少了，灵活也少了。是的。可现在要解决浪费问题；浪费问题解决了，再来解决灵活问题。不要奢望两个问题同时解决。鱼和熊掌兼得的后果是一个也没有得到。浪费问题不解决，灵活就是漫无边际，灵活就是脚踩西瓜皮。

闹钟有两类：实物闹钟；PPT 虚拟闹钟。配套的 PPT 里，没有插入时间。这不是我们偷懒。而是：①**一目了然**。插入显示时间的 PPT，5 分钟要插入 6 页，7 分钟要插入 8 页，提前插入，原本十二三页的 PPT，一下子成了四五十页。十二三页的 PPT 看起来一目了然，5 分钟看得明明白白。加入了几十页的闹钟 PPT，麻烦了，不明了了。②**班级差异**。每个班级的读书速度、作业速度不一样。任务一、任务二、任务三、任务四的时间设定都用了个"约"字。"约 8 分钟"，说明完成此任务的最大时间是 8 分钟，速度快的班级只要 7 分钟、6 分钟。第一个学期使用任务单，任务二"约 8 分钟"，果真用了 8 分钟；第二个学期使用任务单，学生作业速度上来了，阅读速度上来了，任务二只要 7 分钟了。③**插入闹钟**。习课堂备课，读课文、做任务单、读懂"读""写"的关系、修订 PPT。插入时间是修订 PPT 的必要工作。有的老师不改 PPT，课上直接用实物小闹钟。实物小闹钟的显示屏太小，学生看不到时间的走动，不能将时间"可视化"，效果打折。1 分钟、30 秒的时间估测还比较准，时间越长准确性越差。假设任务二 7 分钟，学生 4 分钟就完成了，还有 3 分钟，可他不知道还有 3 分钟，不知道怎么安排和使用剩下的不知道是多久的时间。再者，使用实物小闹钟，老师要走到闹钟旁边，不像 PPT，随时用翻页笔即可，7 分钟按 7 次，时间到、闹钟叫，老师必须再走回闹钟旁关闭。一个来回，20 秒钟没了。一堂课 5－8 次，老师开关实物小闹钟用了近 2 分钟，1/20 的课堂时间没了。

任务单第一课时的任务一，时间设定 10 分钟，一般每个学生读课文有 6－7 分钟，2 分钟读词语，1－2 分钟评价和管理。第一课时的任务二，时间设定 12 分钟，老师示范写字 1 分钟，抄写词语和选择字音 7 分钟，默写词语 2 分钟，2 分钟评价和管理……如此细分，老师才会珍惜时间。怎样让学生和老师真切地看到时间的流逝、时间的一去不复返？闹钟。没有时间观念的人，迟到三五分钟有什么呀，不就三五分钟嘛。有时间观念的人，会为迟到 1 分钟 3 分钟尴尬、难为情。没有时间观念的人，根本上讲不是没有时间意识，而是他们的时间是以半小时、1 小时来计的，半小时、1 小时的误差都是正常的，没什么大不了的。俄国历史学家雷巴柯夫说，用"分"来计算时间的人比用"小时"来计算时间的人时间多 59 倍。习课堂上的一个又一个任务，多以 3 分钟、5 分钟、8 分钟来计算，以往的课堂多以一节课即 40 分钟来计算，一年两年三年下来，学生的时间观念很不一样。习课堂还强调学生用好课堂上每一分钟的零碎时间。任务二完成了，一看闹钟还有 1 分钟，马上背奖励题。任务四完成了，一看闹钟还有 40 秒，马上背奖励题，说不定可以背出来。会用零碎时间的人，一生的时间比别人多了很多。闹钟还会给学生带来作业成就感。任务二 8 分钟，闹钟响，任务二全部完成，成就感来了。任务四 7 分钟，闹钟响，任务四全部完成，成就感来了。

第三节　习课堂：教师时间

时间不够，完不成任务单，首先从任务一、任务三上找原因。

（一）**课堂语言不干净**。每个人每天讲的话，大多可讲可不讲。平日里可讲可不讲的都讲了，不要紧，嘴巴闲着也是闲着，一边讲还能一边干活呢。课堂不是。老师讲了可讲可不讲的，不但时间没了，还冲淡了重点。老师是吃"开口饭"的。吃"开口饭"的人，他的本事不是张着嘴巴讲个不停，而是知道什么时候不讲、哪些地方不用讲。知道"不用开口"才是真正懂得"开口"。习课堂请你谨慎：①**课堂导语**。"今天我们上一篇新课，课文的题目叫《慈母情深》，这是一篇非常感人的课文，请大家一起读课文的题目"，这样的导语没有教学价值。第二课时，老师常说："昨天我们上了《慈母情深》的第一课时，今天我们继续学习这篇课文。"这样的话完全可以删去。我们天天跟家人一起吃饭，哪一天会跟家人说"今天晚上我们继续吃饭"？饭菜端上了桌，一个眼神就坐到一起吃饭了。一线老师带班是跟学生一起过日子，这样的课堂导语学生早听得都麻木了，老师也讲得麻木了。②**过渡语**。"刚才读了第三节、第四节，大家读得很认真很流利，接下来我们要读第五节、第六节，这两节希望大家也像刚才那样读得认真、流利。""刚才我们理解课文的重要段落，现在我们来看看课文的结尾是怎么写的，请大家翻到 58 页……"此类过渡语除了搪塞时间，基本没什么用。③**教学用语**。"大家跟我一起读，园、园、园""来，我们整齐地读一读：帆、帆、帆""一艘、一艘、一艘，预备读"，初看你觉得没什么问题，糟了，说明你用成习惯了。错误成为习惯也就觉得正确了。前两句的"大家跟我一起读""来，我们整齐地读一读"是多余的。只要老师指着 PPT 上的字，读一遍"园"，学生自然知道跟上来齐读；老师指着 PPT 上的词语，读一遍"一艘"，学生自然会齐读词语。评课时我说这句话没用，省出 15 秒。老师不以为然，15 秒都算啊。大家想想，一堂课下来会有多少个这样的 15 秒？超过 10 次，近 3 分钟。鲁迅说，可有可无的话都删掉，那才是好文章。我说，可有可无的话不讲，那才是好课堂。

（二）**课堂组织不紧凑**。如，师生配合读，老师读第 1 句，男生读 2—4 句，女生读 5—6 句。这个配合读往往会稀稀拉拉，学生可能没听清楚；听清楚了，一时也记不住；男生读的时候，注意力在读上了，完全可能读到第 5 句上；女生一听还有男生读，不敢果断地接上去读第 5 句，怕别人说"你也是男生啊"。只好再组织一次。1 分钟没了。应该这么做：PPT 出示第 1 句，老师读；PPT 出示 2—4 句，老师说"男生读"；PPT 出示 5—

6句，老师说"女生读"。这样组织，不会出现前面说的意外和混乱，一次紧凑的配合读，能省出1分钟。有了紧凑的配合读，学生的"学"的状态、"读"的状态也不一样了，节奏上去了，还能"紧"出第二个1分钟、第三个1分钟。习课堂，一篇课文两课时80分钟，学生"读"的时间约40分钟，并且，40分钟里有30分钟以上每一个学生都在读，齐读、自由读、男生读女生读、左边同学读右边同学读，读课文、读关键段、读关键句、读关键词。中后等生的产生，往往是早期他们不把"读"当回事，老师要求回家作业读三遍课文，结果一遍也没有读，课上跟不上老师和大部队，久而久之成了后进生。习课堂读书前，老师要用好课堂管理口令，老师说"书捧起"，学生说"往外斜"，连着说两三遍，课堂安静了，书都捧起了，像运动员开跑前，等待发令枪了，老师轻轻说"开始"，按下计时器，所有同学开始读书。尤其是任务三读前，一定要组织学生把任务单收起来，笔收起来。不然，有同学没听清楚，一脸懵，老师只好再说一遍，30秒没了。习课堂以自由读、齐读、男生读女生读、同桌相互读为主，刚开始，配合读可以少用或不用。老师适应了习课堂，学生适应了习课堂，再用配合读。习课堂对配合读的要求很高，要有默契，要不浪费时间。

（三）**课堂管理不得法**。上课了，读课文了，有的学生还在桌兜里找语文书。急急忙忙找到书了，大家已经读了一段话。心急火燎地找到大家读的那句话，一小段话已经没了。老师停下来等还是不等？等，浪费时间；不等，那几个人跟不上。根本原因是课堂管理没跟上。一个班级50个学生，老师首先是一个管理者，然后才是一个教学者。**管理有效了，教学才有效**。学校要向管理要质量，学校管理好了，质量一定上去。课堂要向管理要质量，课堂管理好了，效益一定上去。常有数学老师、英语老师、美术老师或者音乐老师到语文老师那里抱怨课堂纪律不好。语文老师说我上课纪律挺好的。身为班主任的语文老师，课堂自带管理，不是班主任的数学老师、英语老师或者小学科老师，认为课堂管理不是自己的事。自己的课堂要通过别人管理好才能去上，想想都很好笑。每个老师都要有一个本领，一个十分重要的本领，那就是课堂管理。没有课堂管理的本领，哪怕博士来教小学，也没用。①**看见**。这是课堂管理的根本。40分钟的课堂，老师每一分钟都要目中有人，而不只是上课铃响，扫视一下全班，做作业巡视一圈。学生读PPT上的词语、句子，老师不要看PPT，老师要看学生，看哪个小组读得投入，哪个学生读得投入；看哪个小组不怎么投入，哪个学生不怎么投入。学生读课文、读关键段落，老师不要看语文书，要看学生，看哪个同学读得全神贯注，哪个同学读得心不在焉，哪个同学读得入情入境，哪个同学连正确、流利都有问题。老师的注意力主要在学生身上，而不是在教材身上，也不是在教学设计上，这才是活生生的"以生为本"。只有目中有人了，才会看到课堂上的各种问题。只有看到问题了，才有真正的课堂管理的发生。看到每一个开小差的学生，做到这点不容易。不少老师课上的注意力经常在PPT上、课文上、教学环节上，经常在教学导语、教学过渡语、教学总结语上，经常在提问题上、听个别学生的回答上，而忘了全班的每一个。习课堂的"看见"的难点在任务一和任务三。②**办法**。这是课堂管理的基础。有学生不遵守课堂纪律，自说自话，你去管他，刚按了这个葫芦，嘿，那边的瓢起来了。这么一管，教学停掉了，好比车到了红灯口，停下来，绿灯了要重新启动。一次管理花去半分钟、1分钟，那还算方便快捷的，一节课有这样几次管理，两三分钟没了。有的老师说，既然管理浪费时间，我就不管了。那更糟糕了。开小差是个传染病，传染病得不到及时治疗，一定会蔓延开去。课堂纪律散了，课堂还能有什么效益。有的老师重视课堂管理，也不上课了，着手训学生，一训收不了手，上成了思想品德课，自己的怒火得到了发泄，回过神来，三五分钟没了。课上的各种问题，当然要管，但不要纠缠。偶发的课堂事件应该在课后处理。经常讲话的学生，小动作不断的学生，老师走到他身边，敲敲桌子即可。老师一定要走下讲台，老师走到学生中去。有的老师总站在讲台边、电脑旁，说要单击下一页。这样做老师肯定"脱离群众"，肯定不行，买个翻页笔嘛。一线老师要学会用课堂手势来管理课堂，而不是只有课堂语言。你一说"某某同学，注意力集中了"，说话本身要花时间，同时你也必定会等上数秒，看那学生是否注意力集中，如果没有，往往还会再说一次。花的都是时间啊。敲了桌子学生收敛了，不敲桌子学生又这样了，那就要在课后好好地教育他，而不是用课上的时间。有一种省时的课堂管理叫"课堂管理约定"。如，制作好三张牌，黄牌、红牌、蓝牌。学生第一次违反课堂常规，给一张蓝牌，表示我发现你了；第二次给一张红牌，表示老师我生气了；第三次给一张黄牌，拿到黄牌后的惩罚，可以提前跟学生约定，如主动离开教室，去老师办公室反思5分钟，再回来听课。这三张"牌"就是一个管理约定，可以省去老师很多的不必要的管理语言和管理时间。每一张"牌"的背后，都有你以前跟学生苦口婆心说过的千言万语。还可以把你的千言万语的关键句，印在黄牌上，学生拿着黄牌"罚下场"，那5分钟就去看读背黄牌上的话。自由读课文5分钟后，老师问读了一遍的举手？读了两遍的举手？读了三遍的举手？问后还要装模作样地看，好像真的数到了所有学生。看到读了三遍的学生还要很夸张很欣喜地表扬，如此一来，2分钟没了。沈欢欢老师舍不得这2分钟。她跟学生约定，自由读课文第一遍，伸出一根手指；自由读课文第二遍，伸出两根手指；自由读课文第三遍，伸出三根手指……老师不要再说读一遍的举手、读两遍的举手，学生读书，老师巡视，老师一看伸着的手指就知道了，看到伸着三根手指的，老师上去握一握伸着的三根手指，那就是表扬，那就是激励。樊小园老师用坐着读、站着读来区分学生自由读的遍数，第一遍坐着读，第二遍站着读，第三遍向左转读，第四遍向后转读……自由读后，不用老师花时间小结，效果却有过之而无不及。好的管理可以节约成本。课堂最要节约的成本叫"课堂时间"。③**激励**。这是课堂管理的关键。习课堂，第一重要的不是老师的教，而是老师的组织、管理、激励。日常操作中组织是管理的一部分，激励也是管理的一部分。好的激励本身就能起到管理的作用。表扬要表扬具体的人的具体的行为，要通过表扬引发周围的人的羡慕嫉妒。习课堂有课堂激励印章，不能只给读得好的、认真的盖章，读得越不好的，越该多盖章。习课堂自由读、齐读多了，学生读累了不爱张嘴了，于是男生读女生听、女生读男生听，男生读时表扬女生听得认真，女生读时表扬男生听得认真。学生读书、作业，老师走到学生身边，竖个大拇指，拍拍孩子的肩膀，帮他摆正写字的姿势，跟孩子照个眼神……无声的肢体语言的表扬，让课堂干净、安静、温暖、带劲。

（四）**教材、任务单不熟悉**。习课堂有了任务单和配套 PPT，老师还要不要备课？要。①**朗读课文**。课文正确、流利地读一遍，记录读一遍要多少时间？读关键段要多少时间？课上，给学生自由读 4 分钟，依据是老师花了 3 分 15 秒；读关键段给学生 2 分钟，依据是老师花了 1 分 35 秒。给学生自由读课文 5 分钟，快的学生读了五六遍，那要问：老师希望学生读几遍？不是"越多越好"的糊涂账。有的老师给学生自由读古诗 3 分钟，学生读了 15 遍、20 遍，没必要。那是老师自己没读一读、算一算，1 分钟可以读几遍。有的老师手里拿着语文书，要学生读课文第 3 自然段，自己也在找第 3 自然段。习课堂的备课不去做无效劳动，而是去读熟课文，熟到上课基本不用看语文书，基本不用看 PPT，PPT 上的语段、句子，老师很清楚，很熟悉。下一张 PPT 是什么老师心里也不清楚的，还要盯着 PPT 的，说明还有很大的提升空间，只要你肯花时间看看课文、熟悉熟悉 PPT。习课堂的备课，回到基础，回到基本，读熟课文的基础和基本都没了，还谈什么呢？②**做任务单**。学生的任务单老师要用红笔答一遍，要像学生那样一笔一画，老师便能知道任务二、任务四分别要多少时间，偏多、偏难可以删掉一道题。知道难在哪里了，任务一、任务三的"读"，相对应的地方多读几遍。③**熟悉流程**。教师版任务单的任务一、任务三的流程要熟烂于心。习课堂要求老师不带教师版任务单去上课。一会儿看语文书，一会儿看教师版任务单的流程，耗费掉几分钟那是常事。习课堂的"读"的设计，程序化了：自由读、齐读、男生读女生读、合作读；读课文、读关键段、读关键句、读关键词。并且，PPT里大都有，方便老师上手即用。任务一和任务三的"读"，也要设置闹钟，3分钟以上的自由读、自由背都要设置闹钟，老师不用时不时看手表，学生也知道一会儿有闹钟铃声提醒。一紧凑，不说节省1分钟，节省30秒肯定有。30秒能省也要省，这才说明课堂时间的宝贵。习课堂，老师心中反复想着时间、时间、时间，恨不得把1分钟掰成两半来用，那就对了。

（五）"讲""问"刹不住。 老师总以为学生是自己"教"出来的。其实，学生的优秀是他自己"练"出来的。内因决定外因，一个人的成长内因是根本。以往，老师"教"主要体现在"讲"和"问"上。关于"讲"。任务一讲2分钟，任务三讲2分钟，一点也不觉得多，以前要讲好多个2分钟。两个2分钟等于4分钟。关于"问"。任务一只提一个问题，任务三也只提一个问题。"你们说好不好？""大家说要不要？""你们愿意不愿意？"学生拉长了调子说"愿——意——"，来回15秒。一堂课有四次，1分钟没了。如提问有价值，能促进学生的思考，还会追问，一个难的问题要分解成三个不太难的小问题，一追问，一个问题变成了三个问题，三个同学起来回答，老师还要总结，3分钟没了。任务一和任务三，都只问一个问题，4—6分钟没了。到这里，我们算一笔总账，任务一任务三的读书时间是20分钟，去掉老师必要的课堂组织、课堂管理、课堂激励、课堂示范（朗读示范）5分钟，剩下15分钟。去掉老师的讲解4分钟、提问4分钟，语言不干净3分钟，重复组织1分钟，管理调皮捣蛋学生1分钟，只有2分钟读课文，打死你也不够！语文老师常说时间好快啊，怎么下课了呢？学生却说时间好慢啊，怎么还不下课？习课堂的任务单按40分钟的课堂时间设计。张老师说他们那里的课是35分钟，怎么办？为什么40分钟变成了 35 分钟？两课时的课文还是两课时，只是由 80 分钟压缩到了 70 分钟，少了 10 分钟。少了 10 分钟也要上完课文。40 分钟的课压缩为 35 分钟，其根本目的：控制老师讲的时间、问的时间，跟习课堂一样。老师一定要控制自己的"讲"的欲望、"问"的欲望。习课堂可以"讲"，把讲解变成讲义，做进 PPT 让学生读；习课堂可以"问"，把问题变成习题，放到任务二、任务四，让每一个学生用笔回答，而不是只有几个"发言积极"的学生答。不用讲的，讲了；不用问的，问了；话啰唆了，不规范了。只要用手机给自己的课录一次音，从头听到尾，你全明白了。用手机录一次像那更好，很多老师看自己的课，看着看着看不下去。

刚接触习课堂，不要期望能完成四个任务。老师要有一个改变和适应的过程。第一、第二周，确保完成两个任务；第三、第四周，确保完成三个任务；第五、第六周，确保完成四个任务。一年级新生，更不要急着一节课完成四个任务。孩子什么都不懂，怎么坐、怎么举手、怎么翻书、怎么拿笔等都不知道。有条件的，建议第一周不上新课，训练常规，认识任务单，训练习课堂管理口令。口令也不要都学，先学一两个、两三个经常用的。特别推荐"万能公式口令"：说坐正，就坐正；说拿书，就拿书；说看老师，就看老师；说看屏幕，就看屏幕；说跟读，就跟读……一年级第一学期的习课堂，第一、第二周，完成两个任务；第三、第四周，完成三个任务；第五、第六周，力争完成四个任务；第七周起，基本完成四个任务。两个星期，一节课多完成了一个任务，那便是学生在进步，那便是老师在成长。

第四节 习课堂：学生时间

任务二、任务四是"写"，动笔写作业，抄写默写、课后习题、配套练习册。任务二、任务四完不成的原因有——

（一）**课前准备不充分**。如，课间没有下发任务单。任务一结束了，要写任务二了，学生说"任务单没发"。等发下去了，拿到每一个同学的手里，一分钟早没了。也有的班级，任务单早早发下去了，学生没放到课桌角上。老师说打开任务单，学生在桌兜里、书包里找任务单。找的都是时间。如，没有准备好文具。写着写着笔断了，文具盒里再没有削好的笔了；写着写着找不到橡皮了，找不到尺子了，跟同学借不只影响了自己，还影响了同学。习课堂的 40 分钟，每 1 分钟，不，每半分钟都是宝贵的。习课堂向课堂管理要质量。课前准备的管理是课堂管理的一部分。习课堂看重课上的 10 秒、15 秒。一堂课下来，翻语文书、任务单要有七八次吧，慢的学生 15 秒翻一次书，光翻书就浪费了 2 分钟，1/20 的教学时间。习课堂的课堂组织强调"一个也不能少"。怎么办？训练学生做好课前准备，上第 15 课，习课堂 Q 币书签就夹到第 15 课，课文和任务单都夹，翻语文书快，翻任务单也快。任务二、任务四答题，老师要检查学生的任务单有没有夹好书签。

（二）**读得不充分**。任务一和任务二是一对姐妹，任务三和任务四是一对兄弟。任务一的"读"跟任务二里的"写"紧密相关，任务三和任务四也如此。任务单的设计流程大致如下：整理出第一课时任务二、任务四的习题，第二课时任务二、任务四的习题。然后，根据第一课时的任务二的习题，整理出任务一的"读"的内容；根据第一课时的任务四的习题，整理出任务三的"读"的内容；第二课时也如此。一般来说，第一课时任务二的习题是字词，所以，任务一往往是课文读准确、读通顺。第一课时任务四的习题是思维导图、整体把握，所以，任务三要整体的"读"，读课文总起句、总结句、段落总起句，读思维导图对应的关键语段。任务一和任务三的"读"有两个目的：反复读、充分读，培养语感，积累语言；为任务二、任务四的"习"做好阅读的准备。任务一和任务三读充分了，任务

二、任务四的习题基本上不用翻书，速度自然快；任务四的课文理解，还要去读对应的选段，完成的速度自然慢。任务一和任务三的"读"，直接制约了任务二和任务四的完成速度。读得充分不充分，不只看读的时间。任务一的时间是 12 分钟，任务一用足了 12 分钟也未必读充分了，要看这 12 分钟给每一个学生"读"的时间究竟有多少？照前面的分析，老师的"讲""问"占七八分钟，学生怎么可能读充分？12 分钟，每一个学生应该读 10 分钟，2 分钟留给老师组织、管理、激励、示范。习课堂的任务一、任务三，主要是读课文、读重点段、读重点句，尤其是重点段和重点句，任务单上写"读段落""读句子"，不是读一遍，而是要反复读，读不通的地方停下来反复读；读不好的地方停下来听老师读、跟老师读。一节课下来，每一个学生对课文很熟悉，两节课下来滚瓜烂熟。所以，习课堂几乎不用指名读，自由读、齐读，偶尔男生读、女生读，左边同学读、右边同学读，为的是每一个学生都充分地读起来。有的老师为了能让学生完成任务二、任务四，给任务二、任务四的时间多调了 2 分钟。延长了任务二、任务四，势必缩短了任务一和任务三的"读"。课文没有读熟，关键段没有印象，关键句没有熟读成诵，想了半天没答出来，只好去翻书。课文没有读熟，哪个关键段、哪个关键句也不清楚，任务二、任务四多给 2 分钟，那有什么用？削峰填谷，饮鸩止渴。什么是读充分了？下课了，不少学生习惯性地拿出水壶要喝水，对了。

（三）**作业速度没训练**。很多学生只有考试才注意答题的速度，平时作业根本不注意。习课堂上，任务二、任务四有 4 个操作要点：**①使用课堂小闹钟**。配套的 PPT 有任务二、任务四的作业时间，一般比任务单上任务二、任务四的时间少 1—2 分钟，留给老师课堂组织、课堂激励、课堂小结的。PPT 里没有专门设置电子小闹钟，那不是小闹钟不重要，而是不同老师有不同的使用习惯，有的喜欢数字的，有的喜欢走圈的，有的喜欢用希沃小闹钟，有的喜欢实物小闹钟。老师们选用自己最喜欢、最顺手的小闹钟，这不是淡化，而是另一种强化。②**时间到就停笔**。学生的作业速度什么时候最快？考试。考试限时，没做好都算错。接受了这个规定，学生才会全力以赴，作业速度才会上去。习课堂的任务二、任务四，一节课有两次像考试一样的作业，一两个月下来，学生的答题速度一定有小进步，一个学期下来，一定有大进步。开始来不及很正常。只有来不及，才能调动学生内在的潜力，才有发展。限时作业是训练作业速度的好办法。③**答题习惯训练**。不会做的先放一下，会做的先做，回头再解决难题。中后等学生借着不会做坐在那里发呆，要提醒、要警告、要吃黄牌。有的学生，遇到了疑惑，举手等老师，老师不过去他光举手不干事。这要训练。左手举手，右手继续答题。以往课上不做作业，答题习惯得不到训练，习课堂要当堂训练。④**要组织要管理**。进入任务二或任务四，老师喊"提笔准备"，所有同学呼应"准备准备"。老师喊"说看老师"，学生呼应"就看老师"，全班同学的眼睛都集中到老师身上了，手里都提好笔了，老师喊"8分钟，开始"，要有作业仪式感、紧迫感，像百米赛跑的发令枪，全班同学全部进入作业状态。"呀，小明已经完成第一题啦""小红超过你了，完成第二题啦""不得了，小林已经全部完成了，有资格背奖励题啦"，学生作业，习课堂的老师要去忙这些事儿。⑤**要小结激励**。要表扬完成任务单的学生。完成的学生在座位上举起任务单，拍照；完成人数少，那要大张旗鼓，上台拍小视频。要让所有同学都知道"当堂完成作业"非常光荣，老师很看重。一下课，组长马上收任务单。

（四）**老师状态松散**。张登慧老师形容习课堂"极简""极忙"。习课堂的结构很简单。习课堂学生忙，老师也忙，老师忙的内容跟以前不一样。以前忙着讲、忙着问，现在忙着组织、忙着管理、忙着激励。就像当教师很忙，当校长也很忙，忙的内容不一样而已。老师要紧张起来，学生才会紧张起来。老师是休闲的、轻松的，学生是忙碌的、紧张的？那不是老师，而是老板。紧张起来了，用好每一分钟了，课堂效率可以提高很多。一开始时间不够，来不及完成任务单，那才有提升的空间呀。一开始学生都能正确完成任务二、任务四，任务二、任务四一定没价值。王老师说一堂课只完成了两个任务，没事，就这么下功夫，有一天能完成三个任务了，课堂效率提高了50%；有一天能完成四个任务了，教学效益提高了100%，学一节课相当于以往的两节课，上一学期的课相当于以前两学期的课。用了任务单，自己的教学效益一清二楚，才完成了两个任务，戳心戳肺的。不像以前，稀里糊涂地一节课一节课地过下去。习课堂任务单，每一节课都在提醒我们：时间、时间、时间！任务、任务、任务！一年后课堂效益怎么可能不提高？

　　学生完不成任务单，有两个解决思路：①**渐进式**。第一个月，下课后给学生5分钟的作业时间；第二个月，下课后给学生4分钟的作业时间；第三个月，下课后给学生3分钟的作业时间；第四个月，下课后给学生2分钟的作业时间；第五个月，下课后给学生1分钟的作业时间。第二个学期起，时间到，收走任务单，没完成的都算错。不要期望第一节课、第一个星期、第一个月，学生就能完成任务单。两个月后基本完成任务单，很不错了。之后带班就顺手了，潇洒了。②**激进式**。不给缓冲的余地，第一节课宣布新规定，做不完都算错。有的领导和风细雨，有的领导雷厉风行，很难说哪个好。朱镕基总理雷厉风行，大家都很敬重他。能把事情做好就是好，适合自己的就是好，做不好能改过来就是好。

第五节　习课堂：后进生时间

　　后进生来不及完成任务二、任务四，铁定的事儿。老师不要轻易删去任务二、任务四的习题，相同时间里删掉的习题越多，效率越低。一喊"来不及来不及"，老师便删题，后进生摸透了便不会争分夺秒。刚用习课堂，后进生依然不专心，他的"不专心"已经成了习惯；后进生的速度依然慢，他的"龟速"已经成了习惯；后进生依然不会做，他的"基础差"还在那儿。后进生得的是慢性病，不要期望十天半月便能医好。用上一学期，后进生的速度一定改善，因为：①**鼓励**。习课堂强调激励，对后进生强调"无底线"表扬。后进生是一群得不到多少阳光的孩子。习课堂的盖章、Q币、表扬向后进生倾斜，能带来不小的收获。②**专心**。当堂"一起作业"有氛围，大家都在做，还有老师巡视，后进生的专心程度比以往要好。一天进步看不见的0.01%，一个学期也有不小的进步。后进生在家里写作业，一会儿上洗手间，一会儿肚子饿吃饼干，一会儿口渴喝水喝饮料，一会儿想起了要跟奶奶打个电话，一会儿又问妈妈晚上吃什么菜。习课堂当堂作业，不会写的字可以问老师，一心一意，作业速度自然快起来。③**阶梯**。优等生提前完成有余力，中等生刚好能完成，后进生每次都无法按时完成，怎么办？跟后进生约定，9月下课后给5分钟，10月下课后给4分钟，11月给3分钟……慢慢来才是真教育、真改变。④**实惠**。后进生不做回家作业，是因为觉得回家作业像一座山，看着发怵。习课堂当堂作业，哪怕只完成了50%，也大大减少了他们课间作业、回家作业的压力，实惠看得见、摸得着。

第七讲 习课堂课堂管理

第一节 习课堂主导说

"教师是主导，学生是主体"，两个"主"搞得人糊里糊涂，究竟哪个为"主"？主导者教师究竟干什么，主体学生究竟干什么？跳出教育来看教育。以企业为例，董事长总经理们是主导者还是主体？主导者。他们是企业的管理者，管理者手里有权，主导着企业的发展方向。有权才能主导。工人是什么角色？主体。企业的发展要有工人来干活。没人干活哪来产品？没有产品，企业什么也不是。工人是主体，主体是来完成生产任务的。工人干什么活？工人是真干还是假干？装样子干还是铆足了劲儿干？主导者要去管这些事儿。以教育为例，教育局是当地教育的主导者还是主体？主导者，教育局是管理者，管理者就是主导者。教师是当地教育的主导者还是主体？主体。没有教师便没有教育。教师在教育岗位好好干，努力干，教育就有希望。不是所有的教师都会好好干、努力干的，于是需要教育局——主导者来组织、管理、激励。主导者主要干两个活：一，布置任务；二，组织管理激励。主体呢？干好主导者分配的任务。教育局说要提高课堂教学效益，不是教育局的人去上课，广大教师才是教育的主体。教育局的人24小时不休息进课堂上课，也不能把一个地区的课堂教学效益提高多少。教育局出规划、出方案，组织管理激励教师干得投入、干得起劲。到这里，可以给"主导者"和"主体"下一个绝不阳春白雪的定义：**管理者就是主导者**，管理者手里有权，有权的人才能主导。主导者要给主体布置任务，要组织、管理、激励（示范）主体完成好任务。

课堂的主体是学生，主导是教师。**教师的"主导"体现在两点：一，给学生布置学习任务，即学生"学"什么、"习"什么。二，组织、管理、激励学生完成好学习任务。**学生在"学"和"习"的过程中是不是用心、是不是专心、是不是开动脑筋、是不是全力以赴，要老师组织、管理、激励和示范。背课文，学生有点畏难，老师示范背一遍，那就是很好的管理和激励。"给学生布置学习任务"，习课堂任务单可以帮助解决。布置了任务，老师要组织、管理、激励学生好好完成学习任务，这个没办法帮忙。老师要努力提高自己的课堂组织、课堂管理、课堂激励和课堂示范的能力。学生这个"主体"，课上忙着"学"和"习"，40分钟的课学生30分钟都忙着读、背、写。主体忙起来了，忙的又是主导者期望的，效益自然好。学生坐在教室里听老师讲，好比老师整天听校长、局长讲，哪来的主体，哪来的效益？主体忙碌了，效益才会高。王老师上课："同学们，今天我们上新的课文《海上日出》，请大家读一下课题。"学生读"海上日出"，小李老师说："同学们，请读得响亮一点，再读一遍！"这个环节学生说了几个字？8个字，两次"海上日出"；老师说了几个字？近40个字。老师说的是学生读的5倍，到底谁是主体？大量一线课堂主导者、主体颠倒，难怪那么多人批评课堂效益低下。课上学生这个"主体"没事干，那只能课后"拼命干"，课后作业、回家作业自然多。习课堂的效率，来自老师的组织、管理、激励和示范，来自学生的"主体"摆正了位置，70%以上的时间都在读、写、背。

第二节　习课堂管理说

新家有个小院，妻买来了月季、绣球、角瑾、蓝雪、矮牵牛、肉肉、天竺葵、朱顶红、白兰花，妻买来了花泥、花肥、花盆、花架、花塔、花车、花环、花房、花具、花药水、花书。我以为这就成了。哪想妻每天早上五点多起床忙到七点，下班回来也侍弄花草，有时还要挑灯夜战，洒水的洒水，剪枝的剪枝，捉虫的捉虫，追肥的追肥，分枝的分枝，打药水的打药水，遮阳的遮阳。刚忙活好了这一个花，那一个花又有事儿了；刚忙活好了这一季花，那一季花又有事儿了。花得了毛病，解决不了的要咨询。我原以为种上了花，买来了花盆、花架、花环，花园就有了，好看就有了，烂漫就来了，哪料想，妻每天都在那里侍弄、管理。一家外出两三天，非得找老妈来住下，该浇水的要浇水，该搬到阴处的要搬到阴处。好看的小院离不开精心管理。不是种下一朵花就能看到一道风景。种下了花只是一个浅浅的开始，一天又一天的管理才是真功夫、深功夫。花几乎都不是死在前面的播种，而是毁在后面的管理。课堂效率的高低几乎不取决于学习任务的布置（习课堂任务单可以帮你解决），而是取决于学生完成任务时的课堂管理。

　　如，自由读课文。这个任务谁都会布置，老教师会布置，新教师也会布置；有经验的老师也会布置，没经验的老师会布置。布置后，老师干什么、怎么干，怎么把学生自由读课文的过程管理好，怎样把自由读课文管理得井井有条，学生读得有序带劲，怎么去发现滥竽充数的学生，怎么有效管理他们，这些"管理"的活儿是老师的课堂真功夫。有没有管理，效果差别非常大。就像晨读，老师在教室组织和管理，学生读得比较认真、比较投入、比较专心；老师不在或自顾自批作业、看手机，学生读得有气无力、有口无心。**如，做任务二**。这个任务谁都会布置，老教师会布置，新教师也会布置；有经验的老师会布置，没经验的老师也会布置。布置后，怎么把学生完成任务二的过程管理好，学生专心地做作业，用心地做作业，分秒必争地做作业，全力以赴地做作业，开动脑筋地做作业，这是布置任务后刚开始的活儿。学生不是有了任务就会专心地完成、用心地完成、分秒必争地完成，这个过程要老师的管理。学生吊儿郎当地做，应付地做，会做就做，不会做拉倒，如此，像小院没有了妻的管理，天知道一片怎样的荒芜。**如，自由背课文**。这个任务谁都会布置，老教师会布置，新教师也会布置；有经验的老师会布置，没经验的老师也会布置。布置"自由背课文"这个任务后，怎么把学生自由背课文的过程管理好，学生全力以赴地读背课文，学生想着法儿背出课文，按顺序背还是攻下难点背还是寻找规律背，不少学生不会自觉地全力以赴，也不会去找适合自己的方法背，于是要老师的过程管理。忽略了"过程管理"的学习任务，就像忽略了"过程管理"的种花、种菜、种瓜。每次回老家，老妈总在菜地上忙。我只知道一年四季的白菜、萝卜、青菜、四季豆、大豆、毛豆、黄瓜、芹菜、茼蒿菜源源不断从老妈那里送过来，却不知道老妈为了这几分田地，忙到了怎样的地步。老妈常说，种豆得豆，种瓜得瓜，哪有这样的好事？不管理什么都没得吃。撒下去的种子，种下去的菜苗，不是自然而然就长大、收获的，后期的付出比起播种的那点时间，多得多。一家企业的倒闭，千条理由、万条理由，总逃不了一条"管理不善"。**课堂的效益问题归根到底是课堂的管理问题。不会管理的老师，对课堂管理毫无经验和办法的老师，哪怕他是研究生、博士生，他带的班级的课堂效率一定低下。**

  一个班级 50 个学生，高效还是低效的首要因素叫"管理"。大学里没有课堂管理学课程，教师考编也不考课堂管理学。太多常态课太多老师在发脾气，发了脾气还管不住班级。他们不知道课堂管理和管纪律不是一回事，管纪律是被动的、课堂管理是主动的，管纪律是问题已经出现只好以解决问题为目的，而课堂管理是把问题解决在萌芽状态，以创造效率为目的。管纪律是有负面后果作为惩罚的，课堂管理是以增加学习时间为回报的。管纪律要求顺从，课堂管理则要求负责任；管课堂纪律是阻止学生异常的举动，课堂管理是生成可控的有效行为。他们也不知道课堂管理的工具是什么、原则是什么。管纪律是已经生了大毛病，只好动大手术。课堂管理好比中药的未病科，治未病之病。习课堂的课堂管理有两句重要的话：一，**脚步就是管理**。老师走到哪里，哪里的学习状态就会好起来。好比校长在校园里走动，走到哪个办公室，看手机的一般都会收起来；吹牛的也会停下来；正在批作业的，也会更专注。习课堂，70%的时间还给学生了，老师主要干的活是管理，教师走到学生中间去就像领导走到群众中间去。一堂课下来，老师至少要在教室里走500步。课堂上走动，老师从前面走到后面，顺着走；从后面走到前面，要倒着走，倒着走就能一边走一边看学生。二，**眼睛就是管理**。课上，学生读PPT上的关键句、关键词，老师不应该看PPT，老师应该看学生，哪个组读得认真，哪个组不认真，老师的眼睛像探照灯一样扫射全班，眼睛所到之处就是管理所到之处。一学生突然呕吐，老师赶紧停下来，不嫌脏，不嫌臭，带学生去医务室。从课堂管理来看，没有做到"目中有人"。学生呕吐前的五六分钟一定很难受，老师为什么不知道？习课堂管理有两条原则：①**看个体的时候想着全体，看全体的时候想着个体**。学生读课文也好，完成练习也好，老师不能一个一个地去巡视，巡视两三个学生后，要站起来看全体。看了全体后，老师再巡视几个学生、再看全体。有的老师巡视班级，看不到左前方举手的同学，他心中没有这条原则。②**管理者的管理行为要被被管理者发现**。没有一个老师知道校长巡视，巡视等于没有巡视，不会产生管理效益。偷偷巡视发现了问题，作为后续出台相关制度的依据，那是另一种情况了。老师的课堂巡视要让学生看见。老师站在讲台边扫视全班，学生很难发现老师的眼光在移动，老师的目光在管理，怎么办？习课堂要求老师伸出右手，右手随着目光的扫视而移动。有了右手的手势，学生一看便知道老师在扫视，在管理。

习课堂的课堂管理主要有三个手段：课堂管理口令；课堂管理手势；课堂管理印章。课堂管理印章和课堂管理 Q 币形成课堂激励系统，下节详述。带学生出操，有经验的班主任站在学生队伍前，交警似的伸直右手，学生刷刷地排整齐了，这就是管理手势。学生自由读课文 5 分钟，读了一遍伸出一根手指，读了两遍伸出两根手指，老师一看学生伸出的手指，就知道多少人读了几遍，后面不用再问"谁读了一遍""谁读了两遍"，从而节省了课堂时间，效率等于任务除以时间，时间省下来了，效率就提高了。读词语，要求每个读两遍，老师伸出两根手指说一个字"读"，所有学生都知道读两遍。这一行词语老师伸出两根手指，那一行词语老师伸出三根手指，学生注意力会非常集中。闹钟设定读书时间、作业时间。朱静老师的班上，闹铃响，小助手喊"时间到"，学生左右手击掌，双手交叉安放在桌上，两声清脆的"啪啪"，一切井然。这里着重讲习课堂标志性的课堂管理口令。

课堂时段	一年级课堂管理口令	二年级课堂管理口令
任务一	书本，斜斜放 时间到，轻轻放 书本合拢，左上角	书本，斜斜放 时间到，轻轻放 书本合拢，左上角
任务一到任务二	任务单，快打开 看仔细，写好看	任务单，快打开 看仔细，写好看

续表

课堂时段	一年级课堂管理口令	二年级课堂管理口令
任务二	金手指，伸出来 小眼睛，看黑板 时间动，我也动	书空，举右手 小眼睛，看黑板 时间动，我也动
任务二到任务三	说停笔，就停笔 说看老师，就看老师 任务单，左上角	说停笔，就停笔 说看老师，就看老师 任务单，左上角
任务三	一二三，坐坐好 语文书，斜斜放 说看屏幕，就看屏幕 书本合拢，左上角	一二三，坐坐好 小眼睛，看黑板 说看屏幕，就看屏幕 书本合拢，左上角
任务三到任务四	任务单，快打开 燃烧吧，小宇宙	任务单，快打开 燃烧吧，小宇宙
任务四	自己的作业，自己做 头正，身直，足安 任务单，左上角	自己的作业，自己做 头正，身直，足安 任务单，左上角

课堂时段	三年级课堂管理口令	四年级课堂管理口令
任务一	书捧起，稍倾斜 说看屏幕，就看屏幕 时间不到，读书不停	语文书，拿起来 时间不到，读书不停 时间到，坐端正
任务一到任务二	任务单，快打开 提笔准备，我就准备 读书认真，答题不难	任务单，快打开 提笔准备，我就准备 读书专心，作业顺心

续表

课堂时段	三年级课堂管理口令	四年级课堂管理口令
任务二	身正，肩平，足安 当堂听写，我能行	小身板，挺起来 当堂听写，我能行
任务二到任务三	时间到，笔放下 说看老师，就看老师 书本合拢，左上角	时间到，全放好 四五六，坐神气 书本合拢，左上角
任务三	书捧起，稍倾斜 说看屏幕，就看屏幕 书本合拢，左上角	语文书，拿起来 眼到，口到心到 时间到，坐端正
任务三到任务四	任务单，快打开 燃烧吧，小宇宙	任务单，快打开 燃烧吧，小宇宙
任务四	作业不看书，看书不作业 加油，奥利给 身正，肩平，足安 时间到，笔放下	作业不看书，看书不作业 加油，奥利给 身正，肩平，足安 时间到，全放好

课堂时段	五年级课堂管理口令	六年级课堂管理口令
任务一	语文书，拿出来 时间不到，读书不停 时间到，书放好	双手拿书，大声朗读 时间不到，读书不停 时间到，书放好
任务一到任务二	任务单，快拿 提笔准备，我就准备 读书专心，答题顺心	任务单，快拿 时间动，我就动 读书专心，答题顺心

续表

课堂时段	五年级课堂管理口令	六年级课堂管理口令
任务二	课上紧张，课后轻松 小身板，挺起来 手中写，心里念	课上紧张，课后轻松 小身板，挺起来 手中写，心里念
任务二到任务三	时间到，全放好 人坐正，精神棒	时间到，全放好 人坐正，精神棒
任务三	语文书，拿出来 时间不到，读书不停 读书三到：眼到口到心到	语文书，拿出来 时间不到，读书不停 读书三到：眼到口到心到
任务三到任务四	任务单，拿出来 提笔准备，我就准备 读书专心，答题顺心	任务单，拿出来 时间动，我就动 读书专习，答题顺心
任务四	像考试一样，写作业 头正，肩平，足安 时间到，全放好	像考试一样，写作业 头正，肩平，足安 时间到，全放好

以上是一到六年级习课堂管理口令的参考版。课堂管理口令由两小句组成。老师喊"任务单"，学生喊"拿出来"；老师喊"提笔准备"，学生喊"我就准备"。课堂管理口令的内容要跟学生解释和约定，如老师喊"时间到"，学生喊"全放好"，哪些东西全放好，事前约定。习课堂的课堂管理口令，任务一用两次、任务二用一次、任务三用两次、任务四用一次，任务一到任务二、任务二到任务三、任务三到任务四各用一次，每次的口令不是喊一下，要喊到学生都进入口令所要的那个状态。如老师喊"人坐正"，学生喊"精神棒"，要看全班是否都精神棒了，没有，再喊。如老师喊"提笔准备"，学生喊"我就准备"，要看学生是否都做好了提笔准备的姿势了，没有，再喊。刚开始，喊到第三下学生才准备好，后面喊一下就到位了，课堂默契经由课堂管理口令逐渐形成。口令的密集度跟班

级自控力有关。**自控力越差，使用越密集**。所谓"学风好"，即学生自我管理的能力强；"学风不好"，即学生自我管理的能力差。学生的自我管理能力来自哪里？不是天生的，而是来自管理。外部的管理到位了，渐渐催生出内在的自我管理。课堂管理口令就是外部管理的抓手。用了一学期、一学年，课堂纪律好了，学生的自控力得到强化了，课堂管理口令的次数也不一定要减下来，老师可以喊出花样来，喊出好玩来，那是我所理解的"铁手套里的温暖的手"。

习课堂的课堂管理口令有如下功能：①**调动精神**。怎么调动？老师起头的那几个字要有精气神，用老师的精气神唤起学生的精气神。喊一遍，学生精气神没上来，那就喊第二遍。第二遍老师要适当加大音量。学生还没有完全跟上来，那就喊第三遍，第三遍老师要加重语气。加大音量和加重语气不是一回事。反复加大音量，容易导致老师情绪飙升。喊三遍还有问题，一般不要喊第四遍了，课后再找时间训练。②**组织教学**。任务一到任务二、任务二到任务三、任务三到任务四，任务之间的切换，有的学生动作慢，拖拉，课堂管理口令要多喊几遍。如，任务二，要求学生放下书，拿起笔，看老师，准备，老师按下闹钟，再动笔写。这个过程开始要用 20 秒。20 秒里可以多次喊口令，喊一次口令后，立马表扬准备就绪的学生、小组，再喊第二次。喊口令时可以走到拖拉的学生面前，眼睛盯着他。③**激励鼓舞**。也可以用口令来激励、表扬，如老师喊"说看小明"，学生喊"就看小明"，全体学生的眼光都看向小明了，老师再表扬小明的优点。再如，老师喊"我向小明点赞"，学生伸出手指喊"赞、赞、赞！"激励性、鼓舞性的口令为个别学生使用，别的同学也会得到刺激。由于口令的后半句是全班学生一起喊的、做的（有的喊配上动作），激励和鼓舞的力量比老师一个人来得大。④**课堂娱乐**。口令的喊法可以变着法子玩。如第一遍是响的，第二遍是轻的，第三遍是快的，第四遍是一个字一个字的。一、三两个字是响的，二、四两个字是轻的；一、三两个字是轻的，

二、四两个字是响的；一、二两个字是响的，三、四两个字是轻的；一、二两个字是轻的，三、四两个字是响的；一、二两个字是实声，三、四两个字是虚声；一、二两个字是虚声，三、四两个字是实声……有趣好玩，学生注意力也集中。课堂管理口令用好了，课堂管理简洁、明快了，不用唠唠叨叨。高年级学生最讨厌唠叨，唠叨，一个用了几十年的手段。⑤**开发创新**。日常有什么需要治理和预防，那就开发一个管理口令。如学生坐姿有问题，那就来一句"小身板，挺起来"。如学生士气不足，那就来一句"拿起武器，开始战斗""燃烧吧，小宇宙"。口令要开发和创新，不能一个学期总那么几句，更不能三年级是这几个口令，四年级还是那几个口令。中高年级可以在班里开展口令创新比赛，既是学生关注班级情况的班集体教育，不关注班级就写不出大家认可的口令，还是一次作文训练，一句简短的口号并不简单。入选课堂管理口令后，每次喊起来，小作者也会无比自豪。

第三节　习课堂激励说

课堂激励是课堂管理的重要组成部分，重要到单独拿出来讲。课堂的主体是学生，课堂是学生"学"和"习"的重要场所，学习会有困难，学习会有懈怠，学习会有枯燥，学习会有乏力，学习需要激励。教育有两个名字，一个叫影响，一个叫激励。**影响来自教师的示范，激励来自老师的表扬**。绝大部分的兴趣不是天生的。兴趣往往来自激励和成就感。习课堂上，70%的时间学生都在读、背、写，发现认真、投入、有进步、有亮点的，是老师的核心任务之一。当堂表扬能让学生产生学习的成就感、荣誉感，能够快速消解掉学习的枯燥。习课堂激励三个：课堂管理印章；课堂管理Q币；课堂表扬。课堂管理印章和Q币总的来说有两种使用方法：①**单个使用**。这个学期使用印章，下个学期使用Q币。或者上半学期使用印章，下半学期使用 Q 币。印章有印章的兑换方式，Q 币有 Q 币的兑换方式。②**综合使用**。课上用印章。一个印章可以换 2Q 币或者 5Q 币，以一单元教学为一个兑换循环。印章和 Q 币兑换什么？有物质兑换，也有精神兑换；精神兑换为主，物质兑换为辅。一个学期物质兑换两次。物质兑换，可以定价购买式，也可以购买抽奖券。如，一张抽奖券 20Q 币，抽奖一次。学生愿意哪种就哪种。精神兑换指开发"教师文化产品"，如，30Q 币购买"自选同桌一周券"一张，40Q 币购买"免做回家作业一次券"，60Q 币购买"单元重考券"一张，60Q 币"到老师食堂跟老师一起用餐"，100Q 币"跟老师交换饭菜一次"，120Q 币"跟校长快立得合影一次"……还可以购买"课堂优先权"，如优先当小老师，合影优先站 C 位，任务二、任务四老师优先辅导，等等。

课堂印章和课堂 Q 币是为了激励学生，这个"学生"是全体学生，尽管每一次的印章都是一个一个盖的，Q 币也是一人一人发的。习课堂要求，一节课下来 70% 的学生都有得到盖章。什么情况可以给学生盖章？①**跟同伴比**。学霸跟学霸比，学民跟学民比，学残跟学残比，学酥跟学酥比，学渣跟学渣比。一线带班老师对班级情况很清楚，比过同伴可以盖章。②**跟自己比**。比昨天的字干净了，比昨天的速度快了，比昨天的态度好了，比昨天定心了，比昨天读得熟了，可以盖章。一线老师要对学生的"历史"了如指掌。③**小组比**。以"组"为单位展开学习竞争。比默写，女生没有一个错的，男生有一人有错，所有女生得到一个激励章。比背诵，左边小组背，有两个地方声音疙瘩或者明显弱下来，右边小组只有一次，右边小组胜出，所有成员得激励章。盖章也好，Q 币也好，有一个小窍门，**越是不听你话的人，你越要"无原则"地盖章**。有一天，他再不改过来，都无法面对你盖下的一个又一个的章。学生问你为什么给他盖章，你就说他跟昨天的自己比，有进步。偶尔可以来一句，"我就是喜欢你，就是要盖章"。用好激励章和 Q 币，老师要有胸怀。**第二个小窍门，越是**

成绩不好的人，你越要"无原则"地盖章。人都愿意去做"有望"的事，而不去做"无望"的事。成绩不好的学生不愿意好好学习，这对他来说"无望"啊。每一节课都给他盖章，偶尔给他一次全班盖章最多者，章在我们手上，爱给谁盖给谁盖。习课堂Q币设计成了书签的形式，倡导大家用Q币当书签。语文书夹一张，任务单夹一张，数学书、英语书夹一张。用起来，有氛围。

习课堂要求老师"管住嘴"，少讲少问，把讲解变成讲义，把问题变成习题。习课堂上老师要多张开表扬的嘴。不少老师常说"你们读得真棒""你们真厉害""棒棒你真棒"，习课堂反对。习课堂的表扬有两条原则：一，**表扬要有具体的"人"的具体的"行为"**。要说出"读得真棒"的"棒"具体"棒"在哪里，要说出"真厉害"的"厉害"具体在哪里。二，**表扬不说"你们"，少说"你"**。要说出被表扬的学生的名字，每个人都对自己的名字十分敏感。老师说"小明"怎样怎样，能轻而易举地刺激到旁边的"大明"。

一到三年级的习课堂，任务一、任务三的"读"，至少可以表扬：①**读书坐姿**。如，"表扬小明，朗读时坐姿端正，背挺直，像竹子拔节——挺挺挺""小红的书本一直稍稍往外斜，从一开始到现在没有变过，点赞"。②**读书声音**。如，"小明读书像说话一样自然，真好听""小明读书声从头到尾都铿锵有力，精神饱满，了不起"。③**读书速度**。如，"表扬小明，小尾巴越来越短了，朗读越来越好听了""小新同学吐字清晰，小舌头很溜，一句话一下子就读完了，厉害""小林每一句话都读得很认真，这是有质量的慢"。④**读书眼神**。如，"表扬小明读书眼睛发亮，可以当小老师了""小红读书，眼睛紧紧盯着书本，老师走过都没发现""小红同学的眼神告诉我，她在边读边记"。⑤**读书表情**。如，"小红读得真投入，读着读着笑了""小林读得真投入，读着读着眉头都皱紧了"。**任务二、任务四的"写"，可以表扬：**①**写字姿势**。如，"小明是我们班今天的握笔姿势代言人""小红端正的坐姿保持到了现在"。②**答题字迹**。如,"小明把不好看的字擦了重写,点赞""小红写字时,每个字都写在田字格的正中央""小林每个字都能沿着横线写,真整齐"。③**答题细心**。如,"小红读题细心,还会圈关键字""小林写完任务二检查题目呢""小新发现了思维导图和下面填空题的关系"。④**答题速度**。如,"小林已经完成第一题啦""小明答题时从不抬头,因为专心,所以又快又好"。

　　四到六年级的习课堂,任务一、任务三的"读",可以表扬:①**读书声音**。如,"小明的朗读,我听得都不想走开了""读书就应该像小新那样有精气神"。②**读书速度**。如,"小红朗读速度真快,因为她的眼睛一直盯着课本""小明读书不是吼叫,而是轻快"。③**读书专心**。如,"小明读书,老师盖章都吓了他一跳,他全身心投入其中了""小林读书真专注,眼睛像长在了书上一样"。④**读书表情**。如,"小明读书,脑袋不由自主地跟着读书的节奏轻轻晃动""小红读书,眼神和表情有变化,真读到书里去了"。⑤**读书诚实**。如,"小林同学的速度不快,但一句一句扎扎实实""小新只读了一遍,他就老老实实地竖起了一根手指。诚实的人总会有人欣赏,弄虚作假的人终究会遭人讨厌"。**任务二、任务四的"写",可以表扬**:①**写字姿势**。如,"小林的坐姿端正,书写认真,用心思考的样子真迷人""五分钟过去了,小红的坐姿、书写姿势没有动过"。②**答题字迹**。如,"小明的字写得真好看,跟任务单上的一样美观""笔画这么多的字,小红都写得一清二楚"。③**答题方法**。如,"小红圈画关键词,联系上下文,思路非常清晰""小林不着急动笔,先把功夫放在读题上,点赞"。④**答题速度**。如,"小明写字速度不快,每个字都工工整整""小红已经抄写到第三个词语啦"。优秀不是"教"出来的,而是学生自己"练"出来的;优秀不是"教"出来的,而是大人"夸"出来的。**夸,每一位老师的教学基本功**。亲其师信其道。学生亲你才会信你。学生信你了,一切都简单了。夸,学生"亲"你的最经济、最有效的手段,动动嘴皮子嘛。

第四节　习课堂示范说

学校来了几位校外辅导员。一位教唱歌的，在她的辅导下，孩子们的歌声越来越美妙。一位教乒乓球的，在他的辅导下，孩子们的球艺进步很快。一位教剪纸的，在她的辅导下，孩子们剪出来的作品有模有样了。还有一位教足球的，在他的辅导下，足球队拿下了全市小学组的冠军。辅导员们没读过师范，然而孩子们学到了真本事。辅导唱歌的说：孩子们，你们听我唱。辅导打乒乓球的说：孩子们，你们看我打。辅导剪纸的说：孩子们，我剪给你们看。辅导踢足球的说：孩子们，我踢给你们看。辅导员们不是在泳池边喋喋不休地讲，而是跳下水很享受地游给孩子们看，孩子们打心眼儿里服气，愿意跟着学。磨破嘴皮子，不如做样子。学生课文读不连贯，老师说：不要紧，听我读你就知道什么叫连贯了。学生读得拖拖拉拉，老师说：不要紧，听我读你就知道什么叫紧凑了。学生停顿不恰当，老师说：不要紧，听我读你就知道怎么停顿了。学生读得太平淡，老师说：不要紧，听我读你就知道怎么叫抑扬顿挫了。这样教，这个班的朗读水平不会差。学生背不出古诗，老师说：不要紧，我背给你听。学生背不出课文，老师说：不要紧，我背给你听。学生背不出小古文，老师说：不要紧，我背给你听。学生背不出名篇，老师说：先听我背一遍吧。这样教，这个班的学生不会怕背诵。笔画多的字写不好，老师说：不要紧，我写给你看。笔画少的字不会写，老师说：不要紧，我写给你看。独体字写不好，老师说：不要紧，我写给你看。半包围结构写不好，老师说：不要紧，我写给你看。这样教，这个班的字不会差。学生说课外书不好看，老师说：这本书挺好看，我讲一段给你听吧。学生说书里的主人公真可怜，老师说：我们想到一块了，一起聊聊吧。学生说没时间看课外书，老师说：我早上起床看 10 页，晚上睡前看 10 页，一个月看了好几本书。学生说暑假看什么书好呢，老师说：我跟你讲啊，这个学期我看过的书有……。这样教，这个班的阅读素养肯定好。要学生写日记，老师说：我先写一个月给你们看，我做到了，你们再写。学生说这次作文不好写，老师说：我写给你们看，你们看了我的再写。学生不知道怎么改，老师说：不急，我改给你们看。学生去看"作文秘籍"，老师说：我肚子里也有"作文秘籍"，听我说。学生不知道作文要交流要发表，老师说：你们看，我的文章发在报纸上啦。这样教，学生不用去上作文辅导班。

习课堂认为，示范是最直观、最形象、最经济、最有效、最简单的"教"，示范是儿童"看得见"的"教"、最走心的"教"。习课堂的老师要示范朗读、示范写字。习课堂的理想是老师能示范大量读写。**语文老师的语文能力重于他的语文教学能力**。语文老师首先不应该担心自己的语文教学能力，而要问问自己的语文能力怎么样，朗读能力怎么样，写字能力怎么样，作文能力怎么样。语文能力没有，所谓的语文教学能力也只能建在沙滩上。习课堂不要去抄教案，光明正大拿过来用。习课堂备课，每一篇课文读得滚瓜烂熟，没有疙瘩、没有回读，合格。读了你才知道，要不疙瘩、不回读多么不容易。习课堂备课，学生版任务单认真做一遍，不只了解习题的难易，每一次答题都是老师的写字练习、写字展示。做了才知道，不看参考答案的老师也未必每次都能 95 分以上。习课堂备课，希望学生背出来的老师能背出来。背了课文你才知道，哪里容易多字，哪里容易漏字，哪里容易颠倒，哪个小句子容易丢掉。背了课文你才相信，"回家背出课文"这句轻描淡写的话的背后，学生要付出多少。教育时常不去做老老实实的事，喜欢空中建楼阁。基础工作没做好，基础能力不扎实，示范不了，只能指手画脚、大讲特讲。习课堂，学生的学习回到基础，老师的培养、培训也回到基础，培训语文老师的写字能力、朗读能力、写作能力。教师培训不应该急于培训老师的语文教学能力，而要去看看青年教师的字，听听青年老师的朗读，读读青年老师写的作文。一步一步夯实了语文老师的语文能力，后续才可能有真发展、大发展。看我写、听我读、听我背，"习"课堂上最经常最重要最动人的"教"。一个无法示范写字的老师，只能喋喋不休地讲"横平竖直"；一个无法示范朗读的老师，只能喋喋不休地讲"美美地读"；一个无法示范写作的老师，只能喋喋不休地讲"猪肚豹尾"。语文老师没有朗读示范、写字示范、写作示范能力，只有赶紧练才对得起"老师"这个称号。语文能力非一朝一夕，怎么办？——学生示范。写字，9月请写字能手小张示范，10月小王示范。朗读，9月请朗读能手小李、小赵同学示范，10月请小孙、小朱示范。作文，9月请作文能手小何、小江示范，10月小管、小葛示范。学生一示范，老师就表扬，表扬学生比老师还厉害。学生一示范，老师就激励，激励其他同学也争取来示范一把。

第五节　习课堂亲和力

习课堂强调的课堂管理，是有温度的课堂管理和课堂管理文化，而不是机械死板的管纪律。管理的温度来自管理者的温度。课堂管理的温度来自老师的温度。一个有亲和力的老师，他的课堂管理是有温度的，他的课堂就有温度。习课堂亲和力修炼如下：

（一）**微笑**。少发脾气的人偶尔发脾气，才管用。老师的发脾气是一种教育手段，而不是发泄情绪。小A主动去办公室补作业，等我回办公室，哪有人影，调皮蛋早溜回家了。第一次我忍了，第二次我忍了，第三次我打电话给家长，希望家长能送小A过来完成当天的作业。家长答应了。我跟办公室的同事说，一会儿我要发个脾气，你不要惊吓到。小A刚来到我面前，我什么话也不说，抓起桌上的茶杯往地上猛摔。此后小家伙再不敢耍小聪明了。作为教育手段的发脾气，发之前自己要清楚这是发脾气，而不是情绪失控。发脾气伤身体，要少。天天发脾气的人，那不是教育手段，而是脾气暴躁。**教育不是狂风暴雨，教育是和风细雨**。老师要练习微笑，像空姐那样露出八颗牙齿的微笑。学生再怎么闹，老师一转身，笑眯眯的。当老师，管着几十只调皮猴，要练就弥勒佛那样的"笑哈哈"。巡视了上千节常态课，几乎看不到一个微笑的老师。老师不是苦着脸就是板着脸。老师都在用这样一副脸孔"管纪律"。课堂管理口令用好了，课堂激励印章用好了，课堂管理Q币用起来了，习课堂的老师完全可以放心微笑。王芳老师、许玲燕老师为了练习微笑，像空姐那样咬筷子，多暖人的教学基本功修炼。

（二）**走动**。脚步就是管理。习课堂，70%的时间还给学生读、背、写，老师有70%的时间可以走到学生中间。任务二、任务四，老师有整块的时间，可以多走教室后三排。任务一、任务三，读词语、读句子，时间短，可以就近俯下身听前两排学生。习课堂的老师不能站在讲台前，要走下去，走到学生中间去。习课堂可以撤掉讲台。

（三）**亲密**。人和人的亲密距离是15—45厘米。老师和学生的亲密距离习课堂设定为20厘米左右。这20厘米不是老师的身体到学生的身体的距离，而是老师的脑袋到学生的脑袋的距离。老师高高地站在学生的身旁，学生仰起头才能看到老师的眼睛，距离哪怕只有15厘米，亲和力也不强。教育常说老师要蹲下来、俯下身，蹲下来了、俯下身了，老师的脑袋跟坐着的学生的脑袋一样高了，学生一侧脸就能看到老师的眼睛和脸蛋了，亲密感来了。女老师留着中长发、披肩发，散披着俯下身，头发会遮住自己的脸。学生看到的不是老师亲切的脸，而是一团黑乎乎。老师的头发还会拂到学生的脸上，鼻子上，眼睛上。我终于明白，为什么有规定老师不能披肩散发进教室。一堂好的习课堂，老师要微笑8次，跟学生至少有18人次的亲密距离。任务一、任务三，学生自由读课文、齐读，老师走下去，俯下身；任务二、任务四，学生完成任务单，老师走下去，俯下身。

（四）鼓励。习课堂，把时间还给每一个学生，每一个学生都在卖力地完成工作，老师要多去鼓励，学生才会任劳任怨。任务二、任务四，学生写作业，老师要走到学生中间去，习课堂的任务一、任务三，老师也要走到学生中间去，任务一、任务三的"读"设计非常简洁，无非自由读、齐读、男生读女生读，无非读课文、读关键段、读关键句、读关键词。老师的心思不用花在教什么、怎么教上，花在学生身上，面对面给学生一个微笑，俯下身来去看看学生的脸，摸摸学生的头，拍拍学生的背，跟学生对一个眼神，给一个点赞，握个手、击个掌，枯燥和无聊的根本是没有人关注他、在意他，关注了、在意了，学习便有精神头了。习课堂，老师最要做的是关注活生生的学生。

（五）课后。工人在工厂有工作任务，管理者不可能在工作时间跟工人拉家常，妨碍工人完成自己的工作任务，妨碍工厂整体任务的完成。厂长可以在上班前、下班后或者吃饭时向工人嘘寒问暖。课堂上学生是有学习任务的主体，教师是有管理任务的主导。课上师生的情感交流，不可能铺展开来。师生的情感交流可以在课间、午间，可以在早读前、放学后，如此跟学生打成一片的老师，一定是一个有温度、有魅力的管理者。

第八讲　习课堂课例

第一节　习课堂：第一课时实录

请看三年级下册课文《漏》的第一课时实录。

任务一（约15分钟）

一、读课文。

师：读课题两遍。

生：漏、漏。

师：自由读课文，要求——

生接读：注音字词反复读，不会读的问老师。

师：语文书105页。书捧起——

生：稍倾斜。

师：时间不停——

生：朗读不停。

师：倒计时5分钟，开始。

生读课文，师巡视，表扬坐姿端正的、读书响亮的，在学生语文书上盖激励章；辅导、激励后进生。

倒计时铃声响，师：时间到——

生：书轻放。

师：说看老师——

生：就看老师。

师：说看屏幕——

生：就看屏幕。

【评：语文课要老老实实从读正确、读通顺课文开始，基础教育要从"零起点"开始。优等生多读几遍，熟读成诵也有好处。】

二、读词语。

师出示PPT：自由读词语20秒。

实物小闹钟启动，生自由读。师就近找2位同学弯下腰听读，时间到后，师：齐读词语。

生齐读词语后，师：跟老师读。粘（zhān）胶（jiāo） 倒（dào）栽（zāi）葱

生读以上词语后，师：读多音字。

生齐读多音字后，师：跟老师读：粘（zhān）满 粘（nián）稠

三、读课文。

师出示PPT：自由读句子。

生自由读后，师：齐读句子。

生齐读后，师范读：◎老虎嘴馋，一心想着/吃这头小胖驴；贼手痒，一心想着/偷这头小胖驴。

生读后，师范读：◎累得老虎/筋都快断了，颠得贼/骨头架都快散了。

生读后，师：自由读课文，要求——

生：多字、漏字、错字、疙瘩的地方，反复读。

师：语文书105页。书捧起——

生：稍倾斜。

师：时间不停——

生：朗读不停。

师：倒计时4分钟，开始。

生读课文，师巡视，表扬，盖激励章。倒计时铃声响，师：时间到——

生：书轻放。

师：说看屏幕——

生：就看屏幕。

【评：读正确、读流利是语文课的基础目标。语文课首先是每一个学生读书的地方。这个活儿不能交给家长、不能交给预习。习课堂，十分重视"读"，重视每一个学生每一节课都有充分的读的时间。】

任务二（约8分钟）

师：金手指——

生：伸出来。

师范写"架""贼"，生跟着书空。师：架：上边收，下边放。贼：左边收，斜钩放。

师：任务单——

生：快打开。

师：读书认真——

生：答题不难。

【评：课堂管理口令是习课堂的重要标志之一。有针对性的课堂管理口令，可以让课堂管理简洁、有效，可以让课堂井然有序。人多的地方产生效益的第一法宝是管理。】

师：完成任务二，倒计时5分钟，开始！

一、抄写词语，我细心。

架：上边收，下边放。　　贼：左边收，斜钩放。

漏雨	喂养	胖驴	盗贼

狼狗	莫非	厉害	拥抱

散架	粘胶	甘心	偏偏

二、选择读音，我秒杀。

黑脊（jǐ　jī）背　　　　　　旋（xuàn　xuán）风

顺势一纵（zhòng　zòng）　　倒（dǎo　dào）栽葱

三、当堂听写，我不怕。

【评：任务二的抄写词语、选择读音，跟任务一的读正确、读通顺有着密切关系。习题的目的是检测，也是巩固，当堂作业可以检测和巩固所学，提高教学效益。】

生作业，师巡视，表扬，盖激励章，后进生辅导。倒计时闹铃响，师：听写词语。

当堂听写四个词语。

【评：当堂抄写、当堂听写，学生会养成一边抄一边记的习惯。这个习惯花再多的力气都值得，一旦养成，以后可以"时"半功倍。】

任务三（12分钟）

一、读段落。

师：语文书 105 页。书捧起——

生：稍倾斜。

师：自由读第 2—9 自然段。时间不到——

生：读书不停。

师：故事发生在老婆婆家，计时 2 分钟，开始！

生自由读课文，师巡视，表扬，盖激励章，指导后进生。倒计时铃声响，师：时间到——

生：书轻放。

师：说看老师——

生：就看老师。

师：说看语文书——

生：就看语文书。

师：齐读 10—11 自然段。老虎驮着贼，贼骑着老虎——

生看屏幕读。

师：跟老师读：◎"漏"真厉害，像胶一样，粘住我了。到树跟前，得想法蹿上去，好逃命。（注意"粘"zhān 和"蹿"cuān 的读音）

生再读句子，师：语文书 106 页，自由朗读第 12—17 自然段。书捧起——

生：稍倾斜。

师：时间不停——

生：读书不停。

师：歪脖树下，老虎和贼各自逃命又相遇，计时 2 分钟，开始！

生自由读课文，师巡视，表扬，盖激励章，指导后进生。倒计时铃声响，师：时间到——

生：书放好。

师：说看老师——

生：就看老师。

师：跟老师合作读第18自然段，老师读红色字体，你们读黑色字体。

师：老虎和贼一齐滚下了山坡。

生：浑身沾满泥水……

师：跟老师读：◎漏哇——然后都吓昏了过去。（"哇"后面破折号声音延长，"昏"读 hūn。）

师：继续合作读第19—20自然段，老公公和老婆婆又再说"漏"——

生：天快亮了……

师：跟老师读：◎老公公和老婆婆从炕头上坐了起来。（炕 kàng 头）

师：齐读第5和20自然段。

生读后，师：读讲义2遍。

生：◎原来老婆婆说的"漏"，是屋子漏雨的"漏"。

【评："跟老师读""看老师写"，这是习课堂崇尚的最简单、最直观、最有效的"教"。语文老师要像体育老师、音乐老师、美术老师那样，敢示范、常示范。】

二、**读梗概。**

师：合作读课后练习三：故事发生在老婆婆的家里——

生：老公公和老婆婆说"漏"，吓跑了虎和贼。

师：故事到了逃跑路上——

生：虎驮着贼，贼骑着虎。

师：故事到了树下——

生：虎甩掉贼，贼蹿上树。虎和贼树下相遇，滚下山坡。

师：故事到了山坡下——

生：虎和贼以为对方就是"漏"，都吓昏了过去。

师：故事回到了老婆婆的家里——

生：老公公和老婆婆再说"漏"。

【评：读什么，既要符合整体到部分的规律，又能帮助任务四的习题的完成。老师要研究教材后的习题、配套练习册的习题，了解学生作业的难点和痛点，从而解决学生的刚需。任务三和任务四是一组"学"和"习"的关系。看任务三的实录，要联系任务四的习题。】

任务四（5分钟）

师：任务单——

生：快打开。

师：读书认真——

生：答题不难。

师：完成任务二，倒计时5分钟，开始！

一、课文填空，我最棒。

"漏"本来是指_____。可是，_____和_____想偷_____，做贼心虚，误以为"漏"是_____，最后滚下山坡、吓昏过去。故事讽刺了老虎和贼的愚蠢与贪婪，告诉人们，做贼心虚，干坏事没有好下场的道理。

学习好帮手：画曲线的句子背下来。

二、排列顺序，我细心。

（　）虎向前跑，贼上树。虎和贼树下相遇，滚下山坡。

（　）虎驮着贼，贼骑着虎。

（　）老公公老婆婆说"漏"，吓跑了虎和贼。

（　）老公公老婆婆再说"漏"。

（　）贼和虎以为对方就是"漏"，都吓昏了过去。

生作业，师巡视，表扬，激励，后进生辅导。重点表扬背画曲线句子、背奖励题的学生。

师：时间到——

生：笔放下！

师生两次口令后，师：读奖励题。

生读后，师：会背的向后转。

会背的背奖励题，不能背的读奖励题。

【评：奖励题"奖励"给作业速度快的学生。学有余力的学生多了积累事小，养成用好零碎时间的习惯，受益终生。】

师：任务二和任务四全部完成的，请举起你的任务单。

生举起任务单，师拍照片后：下课！

第二节　习课堂：第二课时实录

请看三年级下册课文《漏》的第二课时实录。

任务一（约14分钟）

一、读课文。

师：读课题。

生：漏。

师：自由读课文，要求——

生：不多字、不漏字、不错字、不疙瘩；段落停顿较均匀。

师：书捧起——

生：稍倾斜。

师：105页。时间不停——

生：读书不停。

师：时、间、不、停——

生：朗、读、不、停。

【评：课堂管理口令，无所谓机械不机械，关键看用的人。有童心，便能跟学生玩出花样，玩出乐趣，玩出默契。】

确定读书准备到位了，师：4分钟，倒计时开始！

生读课文，师巡视，表扬，盖激励章。倒计时铃声响，师：时间到——

生：轻轻放。

二、读第1-9自然段。

师：自由读第1-9自然段，书捧起——

生：稍倾斜。

师：时间、不停——

生：朗读、不停。

师：（轻声地）时间不停——

生：（轻声地）朗读不停。

每个学生都做好了读书准备，师：3分钟，倒计时开始！

生读课文，师巡视，表扬，盖激励章。倒计时铃声响，师：时、间、到——

生：书、轻、放。

师：合作读。你们读第4自然段，我读第5自然段。书、捧、起——

生：稍、倾、斜。

师生合作读后，师：说看屏幕——

生：就看屏幕。

师：读老虎心里想的话——

生：◎翻山越岭我什么都见过，就是没见过"漏"，莫非"漏"比我还厉害？

生读得不好，师范读两遍，生跟读两遍。

师：读贼心里想的话——

生：◎走南闯北我什么都听过，就是没听说过"漏"，莫非"漏"比我还厉害？

师：男生读老虎心里想的话，女生读贼心里想的话。

生读句子，师：表扬第一组读得投入，交换！

生齐读句子，师：扑通！贼从窟窿里跌下来，老虎想——

生：坏事，"漏"捉我来了！

师：男生读画线部分。

男生："漏"捉我来了！

师：女生读画线部分。

女生："漏"捉我来了！

师：贼想——

生：坏事，"漏"等着吃我哩！

师：女生读画线部分。

女生："漏"等着吃我哩！

师：男生读画线部分。

男生："漏"等着吃我哩！

师：两句连起来读。

三、读第 10－12 自然段。

师：自由读第 10－12 自然段，书捧起——

生：稍倾斜。

师：（轻声地）时间不停——

生：（轻声地）朗读不停。

师：（大声地）时间不停——

生：（大声地）朗读不停。

每个学生做好读书准备，师：2分钟，倒计时开始！

生读课文，师就近巡视，表扬，盖激励章。倒计时铃声响，师：时、间、到——

生：书、轻、放。

师：老虎心里想——

生："漏"真厉害，像胶一样，粘住我了。到树跟前，得把它蹭下来，好逃命。

师：粘（zhān）住我了，读两遍。

生跟读两遍，师：画圈字读两遍。

生读"胶"，师：画线部分读两遍。

生读"像胶一样，粘住我了"。

师：齐读讲义。

生：◎老虎干了坏事，做贼心虚。

师：加点词读两遍。

生读后，师：读贼心里想的话。

生：◎"漏"真厉害，旋风一样，停都不停，一定是驮到家再吃我。到树跟前，得想法蹿上去，好逃命。

师范读："得想法蹿上去"。

生跟读两遍。师：画圈词读两遍。

生读"旋风"。师：画线部分读两遍。

生读"旋风一样，停都不停"。

师：齐读讲义。

生：◎贼干了坏事，做贼心虚。

加点词生再读两遍，师：到了树跟前，老虎身子一歪，贼一纵。老虎想——

生：终于甩掉"漏"了！

师：（又激动又兴奋）终于甩掉"漏"了！

生跟读。师点赞：学得像！贼又想——

生：终于甩掉"漏"了！

【评：干干净净地读，整块整块地读。把课堂还给学生，就是把课堂时间还给每一个学生，学生自己读、自己习。老师的作用是告诉学生什么时候读什么、什么时候做什么。"主导"的是方向，而不是霸占课堂时间。】

任务二（约6分钟）

师：任务单——

生：拿出来。

师：读书认真——

生：答题不难！

师：（大声地）读书（轻声地）认真——

生：（大声地）答题（轻声地）不难！

每个学生提起笔，做好准备，师：5分钟完成任务二，倒计时开始！

【评：习课堂强调课堂组织。习课堂用课堂管理口令来组织，简洁，干净，有力。什么时候组织？任务一、任务二、任务三、任务四都要组织，两个任务间的转换也要组织。组织得好，课堂状态就好，开小差就少，效率就高。】

一、阅读选段，我专心。

老婆婆说："唉！管他狼哩，管他虎哩，我什么都不怕，就怕漏！"

老虎趴在驴圈里想："翻山越岭我什么都见过，就是没见过'漏'，莫非'漏'比我还厉害？"

贼蹲在屋顶上想："走南闯北我什么都听说过，就是没听说过'漏'，莫非'漏'比我还厉害？"

老虎吓得浑身发抖，贼听得腿脚发软。贼心里害怕，脚下一滑，扑通从屋顶的窟窿里跌下来，正巧摔到虎背上。老虎未料到房上会有东西掉下来，心想："坏事，'漏'捉我来了！"撒腿就往外跑。

　　1. 听了老婆婆的话，老虎和贼分别是怎样想的？用"＿＿"画出老虎的想法，用"～～"画出贼的想法。

　　2. 老虎和贼分别有怎样的表现？

　　老虎＿＿＿＿＿＿＿＿＿　　贼＿＿＿＿＿＿＿＿＿＿

二、课文填空，我最棒。

　　1. "漏"真厉害，像＿＿＿＿＿一样，粘住我了。

　　2. "漏"真厉害，＿＿＿＿＿＿一样，停都不停。

　　这两个句子都用了＿＿＿＿的修辞手法，生动形象地写出了贼和虎＿＿＿＿＿＿的心理。

生作业，师巡视，表扬，盖激励章，倒计时铃声响起，师：时、间、到——

生：全、放、好。

任务三（约8分钟）

一、读第13—18自然段。

师：自由读第13—18自然段。书捧起——

生：稍倾斜。

师：（轻声地）时间不停——

生：（轻声地）朗读不停。

师：（点赞，大声地）时间不停——

生：（大声地）朗读不停。

每个学生做好读书准备，师：2分钟，倒计时开始！

师就近巡视，盖激励章。倒计时铃声响起，师：时、间、到——

生：轻、轻、放。

师：合作读第 16、17 自然段，男生读画线部分，女生读没有画线部分。

男女生合作读后，师：齐读第 18 自然段。

师：读关键词。

生读"做贼心虚"两遍。

二、自由读第 19－20 自然段。

师：自由读第 19－20 自然段，要求——

生：读完后，联系第 5 自然段想一想。

师：书捧起——

生：稍倾斜。

师：（轻声地）时间不停——

生：（轻声地）朗读不停。

每个学生做好读书准备，师：2 分钟，倒计时开始！

师就近巡视，盖激励章。倒计时铃声响起，师：时、间、到——

生：轻、轻、放。

【评：读书声是习课堂最经常、最充分的声音。"读"本身就是"习"。习课堂强调大家一起读，强调课上的每一分钟是属于班上的每一个学生，而不只是积极主动的学生。】

任务四（约 12 分钟）

师：任务单——

生：拿出来！

师：（大声地）读书（轻声地）认真——

生：（大声地）答题（轻声地）不难！

每个学生都已提笔准备看老师，师：先完成任务四第一大题，6分钟，倒计时开始！

一、理解选段，我专心。

老虎走着走着，走到了歪脖老树跟前。贼又冷又饿，正在下树，看见走来一个黑乎乎的东西，心想："'漏'又来了，这下我可活不成了！"他赶忙往树梢上（　　），总嫌离地太近，紧爬慢爬，咔嚓一声，树枝断了，一个倒栽葱（　　）了下来，顺着山坡往下（　　）。

老虎正走着，见天上掉下个黑乎乎的东西，响声又这么大，心想："'漏'又来了，这下我可活不成了！"赶紧逃（　　）。下过雨的山坡又湿又滑，老虎腿一软，顺着山坡往下滚。

老虎和贼一齐滚下了山坡，浑身沾满泥水，（　　）在了一块儿。他俩对看了一眼，同时惊恐地大喊："'漏'哇——"然后都吓昏了过去。

1. 把"滚、跑、撞、爬、摔"这些表示动作的字填到文中括号里。

2. 贼心想，_____，他赶忙_____。

老虎心想，_____，他赶紧_____。

3. 看到老虎和贼狼狈的样子，你想对他们说些什么？

_____

_____

生作业，师巡视，表扬，盖激励章，表扬背奖励题的学生。倒计时铃声响起，师：书捧起——

生：稍倾斜！

师：自由读第二大题的短文。时间不停——

生：朗读不停。

每个学生做好读书准备，师：3分钟，倒计时开始！

二、拓展阅读，我最行。

陈述古辨盗

陈述古是建州浦城县的一个官员，当时有家富户被盗，捉住了几个人，但不知道谁是真正的小偷。

陈述古就骗他们说："某寺里有一口钟非常灵验，它能把真正的小偷辨认出来。"于是，他就打发人去把这口钟迎到县府衙门来，然后让人把囚犯们引到钟的前面，当面亲自告诉他们："不是小偷的摸这钟就没有声音，是小偷的一摸它就会发出声音。"陈述古亲自率领同事们向钟祷告，态度很是严肃，祭祀完了，用帷幕把钟围起。然后暗暗派人用墨汁涂钟。

过了许久之后，带领囚犯一个个地把手伸进那帷幕里去摸钟，摸完之后检验他们的手，每个人手上都有墨水，只有一个囚犯手上没有。审讯他，这个人就承认了犯罪事实，原来是因为他怕钟发出声音，所以不敢去摸。

学习好帮手：不读熟不答题。

◎你能用一个成语来概括文中的盗贼吗？（　　　　　　）

倒计时铃声响，师：时、间、到——

生：轻、轻、放。

师：1分钟答题，开始！

【评：阅读理解的核心是"阅读"而不是"理解"。"读"到位了，十之八九的"解"也没问题了。剩下的"一二"原因庞杂，有本事去抓，没本事就放，抓大放小嘛。习课堂的课外阅读，低年级不安排阅读题，中年级安排1—2题，高年级安排2—3题，目的是不让题目败坏学生阅读的口

味。】

师就近巡视，盖激励章，倒计时铃声响，师：时、间、到——

生：轻、轻、放。

师：任务单都完成的举手。

大部分学生举手，师点赞：齐读奖励题。

师：会背的同学起立，背两遍。

生背，背第二遍时，张浩宇加入，师：特别表扬张浩宇，背第二遍时勇于挑战！

【评：每个人的内心深处都希望得到鼓励和肯定。习课堂是激励的课堂。表扬，盖激励章，老师成为学生盼望来到身边的鼓舞者、激励者。习课堂上，老师是课堂的主导者、管理者，一个有温度的管理者。】

习课堂第一阶段的评课要点，看站上讲台的老师的手、足、口、眼、耳不该干什么、应该干什么。

第三节　习课堂：评课要点

习课堂第一阶段的评课要点，看站上讲台的老师的手、足、口、眼、耳不该干什么、应该干什么。

（一）**看老师的"手"**。老师的"手"不要干的事：①不要拿着语文书，不要拿着教师版任务单。语文书可以借看学生的书，学生也会小激动。教学流程PPT上几乎都有，每一张任务单的结构基本相似。习课堂上拿着教师版任务单，那说明还不清楚习课堂的结构，还没入习课堂的门。②不要左手拿着翻页笔，右手拿着激励章。拿翻页笔的时候，不拿激励章；拿激励章的时候，不拿翻页笔。盖章的时候，另一只手要空出来，才自然，才真诚。站屏幕的左边，用左手操作翻页笔；反之，用右手操作翻页笔。③不要抱在胸前、腹前，不要反在身后，这表示老师无所事事，不知道干什么。老师的"手"要干的事：①用来盖章，一手按住学生的书本，一手有力盖章。②老师的手用来摸学生的脑袋和肩膀。习课堂，70%的学生都要得到老师的盖章，70%的学生都跟老师有亲密距离或亲密接触。③随着生字的声调起伏。生字第一声，老师的手就是第一声的手势；生字第四声，老师的手就是第四声的手势。低年级学生读词语，老师的手可以做表示词语意思的动作。学生读句子、片段，老师的手跟着重点词、重点段有轻重缓急地起伏。④用来写字，黑板上示范写字，作业本上示范写字。⑤用来操作翻页笔。使用翻页笔可以解放老师，老师不会被锁定在电脑旁。

（二）**看老师的"口"**。习课堂，老师的"口"不要干的事：①不要跟着学生一起读。学生读书，老师打开耳朵听，听到最真实的好，听到最真实的孬。②不要提问、不要讲解。学生版任务单上如有疏漏的重要提问，可以做进PPT，学生写在任务单的空白处。PPT上没有的"读讲义"，如一定要讲，可以把"要讲的"补充到PPT里。要说的"话"写下来了，便能做到"精讲"。③不要说无用的话。如"接下来我们一起来读词语，预备齐"，只要说"读词语"，甚至只要指着PPT上的词语，说一个字"读"。"读要求"，老师只要说"要求"两字，学生读后面的具体内容。不说多余的话，才是"吃开口饭"的最好佐证。老师的"口"要干的事：①用来表扬。一堂课上，老师要有10句表扬到具体学生的具体行为的话，表扬的话超过别的话的总和。②用来管理。管理不是吼不是叫。课堂管理口令应该成为老师的习惯性动作，用课堂管理口令进行课堂组织、课堂调控、课堂提醒、课堂鼓励、课堂娱乐。③朗读示范。习课堂认为，示范是最好的教。要示范在刀口上，示范要"小步子，不停步"。

（三）**看老师的"足"**。习课堂，老师的"足"不要干的事：①不要总在讲台边走动，不要站在讲台边不动。老师要经常在学生中走动。②不要在教室里匀速走动。老师的走动应该有快有慢。③不要总走直线，也要走斜线。老师的"足"要干的事：①要走 500 步。不然实现不了 70％的学生盖章激励。②要三步一回头。看了两三个学生，马上站起来巡视一下全体，发现举手的、开小差的，要快步走过去。③要合理走动。学生读写 3 分钟以上的，老师走到后三排，了解后排学生的状况。学生读写 2 分钟以内的，老师走前三排，了解前排学生的状况。④要弯下腰走。因为学生都是坐着的，老师弯下腰来，学生才能感受到亲和力。

（四）**看老师的"眼"**。老师的"眼"不是用来看 PPT 的，PPT 是给学生看的，不是用来看书本和教师版任务单的。老师的"眼"用来看一个又一个活生生的学生。

（五）**看老师的"耳"**。老师的"耳"用来听学生的读词语、读句子、读段落、读课文。听全体同学读，听个别学生的读。听到好的，强调优点，强化优点；听到不好的，停下来示范读，反复练。"眼睛就是管理"，"耳朵就是教学"，习课堂的重要理念。

习课堂面向普通一线老师，习课堂回到课堂的基础规范、基本要领。第二阶段的习课堂的评课有十个要点：

（一）**看组织**。看课堂组织的次数，看课堂组织是否到位，读书前的课堂组织，作业前的课堂组织，任务切换的课堂组织，环节转化的课堂组织。课堂组织要看到"每一个"学生。"说坐正，就坐正"，话音刚落，还有学生没坐正，已经进入下个环节，那是走过场的组织。

（二）**看管理**。看老师是否经常走到学生中间去，看老师是否及时发现要管理的对象。看管理中的老师是否有亲和力。看老师是否把自己定位为一个服务学生的课堂管理者。

（三）**看激励章**。看送出了多少激励章，覆盖了多少学生。激励章的使用是否灵活。有的一次盖一个章，也可以一次盖两个章。作业快，盖一个章；字漂亮，再盖一个章。"章"无定法。有的章要悄悄盖，有的章要盖得响，盖得气壮山河，盖得同学为之一振。

（四）**看示范**。写字示范、朗读示范、背诵示范，示范的次数和质量。

（五）**看时间**。一堂课用了几次闹钟，闹钟是否插入到了 PPT 里。使用实物小闹钟、希沃小闹钟，是否熟练，时间是否紧凑。每一个任务的完成时间是否控制在 10% 的误差之内。

（六）**看任务单**。看这一课的任务单的完成情况，看前几课的任务单的批改和订正情况。看任务单后的当堂听写情况。

（七）**看节奏**。第一阶段的习课堂强调效率，强调时间。第二阶段的习课堂要有放松，即习课堂要有紧张和放松的节奏。一二三年级任务二后可以安排一个小游戏，紧张学习后的放松，学习效果更佳。任务三，学生自由读 3 分钟，四个同学读得特别好，老师可以停下来跟他们自拍，看起来浪费了时间，实则掀起了读书小高潮。

（八）**听口令**。课堂管理口令的频率和成效，口令是否有精气神，师生是否默契。

（九）**听表扬**。表扬的次数和频率，表扬是否具体到人和事例。表扬是否能激励到被表扬的学生以及其他学生。除了口头表扬，有没有眼神的激励、手势的激励、体态的激励、拍照的激励、视频的激励；除了正面激励，有没有侧面激励。

（十）**听奖励题**。提前完成任务二、任务四的学生是否马上自然地、声音适中地背诵奖励题。

第四节　习课堂：第三阶段

人的一辈子是循着自己的习惯走的。教育本质上是习惯养成。第三阶段的习课堂，看老师是否着力培养学生的 7 个习惯。

（一）一边抄一边记的习惯。很多学生抄写词语，只是为了完成老师布置的作业，而不是为了记住词语。要默写词语了，再拿起书来读啊记。一番事情偏花了两番时间，时间相差一倍。应该活 80 岁的人 40 岁就走了，多痛心。习课堂要求当堂抄写、当堂默写，学生抄完后马上默写，从而强化学生一边抄一边记的习惯。王老师说，当堂抄写、当堂默写错太多了。一边抄一边记的能力还没有练出来嘛。能力的训练总要从"小白"起步的。第一次当堂抄写、当堂默写，8 个错了 5 个，第二个月错了 4 个，第三个月错了 3 个，第四个月只错了 2 个。一个学期后，学生抄写后就默写，正确率跟以前看后再默一样一样的，甚至更高，专注力训练出来了。听写词语，习课堂还建议：第一个月，每次报 1 个词语 2 遍；第二个月，每次报 1 个词语 1 遍；第三个月，每次报 2 个词语 2 遍；第四个月，每次报 2 个词语 1 遍；第五个月，每次报 3 个词语 2 遍……一年后，老师一口气报五六个词语，学生能瞬间记住，默出来。常有人介绍这是张校长、这是曹校长、这是张主任、这是李主任，一圈下来，到底谁是张校长、谁是张主任都糊涂了。没有"一边听一边记"的瞬间记忆力。当堂听写的瞬间记忆力训练，不只有益于学习，也有益于社会交往。

（二）一边读一边记的习惯。习课堂的任务一，学生以"读、背"的方式"学"，"学"了以后马上进行任务二的"写"；任务三和任务四也如此。学生做任务二、任务四，习课堂强调"看书不作业，作业不看书"。如第一课时任务四的课文填空，不许学生一边翻书一边填写，关键段、关键句甚至关键词，任务三反复读过了。允许学生翻书填空，任务一、任务三的"读"就会有口无心，读了跟没读似的。每一节习课堂，老师都用"看书不作业，作业不看书"来要求，来训练，"一边读一边记"习惯养成了，答题的速度一定快了，不用再去翻书了嘛，答题的正确率也上升了。习课堂，每一天的任务一和任务三，都要训练学生"一边读一边记"的能力，能力要一天天一课课地训练，习惯要一天天、一课课去培育。一两年后，"一边读一边记"的能力出来了，又在每一节课上使用，学生到了初中、到了高中，能大大减少无效阅读、无效学习。"一边读一边记"必然专心，"专心"的习惯也能同步养成。这是一个终生学习的时代。新知识的学习首先需要的能力叫"一边读一边记"。都说年轻时是学习的黄金时代，年轻的优势不只体力好，更是记忆力好。前读后忘还怎么学？

（三）**有效使用时间的习惯**。每一节习课堂用 5－8 次闹钟，每一节课学生都跟闹钟为伍，每一节课都在一次又一次的规定时间内完成任务，一学期又一学期，一学年又一学年，学生的时间意识不一样了。习课堂训练学生有效使用时间，更体现在零碎时间上。现代人每天用路上的时间来学习，一年至少可以多出 600 小时。以一天学习 8 小时算，即 75 天，两个半月。每个人的零碎时间还大量充斥在等电梯、排队、看手机信息——一个人一天花在手机上的时间大概是 3 小时。看手机的 3 个小时花的大多是零碎时间、忙里偷闲的时间。人与人之间的差距不是智商也不是情商，而是对时间的把控。每一节习课堂都会使用 5－8 次闹钟，闹钟把 40 分钟时间切割成了 5－8 段，每一段时间里都有各自要完成的读、背、写的任务，时间的紧张感、紧迫感出来了。自由读课文 5 分钟，习课堂要求"时间不到，朗读不停"，读好每一秒钟。习课堂不会说"大家自由读课文两遍"，读得快的学生两遍读完了无所事事、浪费时间了，等待中浪费时间成了天经地义。习课堂上，任务二、任务四学生在规定时间内提前完成了任务，要背诵后面的"奖励题"。每一节课上背诵一两句，一学期下来绝不是小数目。比积累语言更宝贵的是学生明白了这些零零碎碎的 1 分钟 2 分钟甚至半分钟，积少成多，居然可以干成一件大事。把控时间的能力有一个很重要的衡量标准，是否能使用零碎时间。大家都会把零钱存起来，一块钱也是钱；零碎时间，很多都扔掉了。常有朋友关心我，提醒我早点睡觉，晚上不要写东西太晚。我写了 20 多本书，主编了 30 多本书，但我从不开夜车。

时间哪里来？零碎时间。飞机上读写、动车上读写、等开会时读写，车门两侧都塞了书，车里等人看书。

（四）独立作业、快速作业的习惯。没有养成独立作业的习惯，学习几乎是条死路。独立作业不是天生的。有的家长重视，每次回家作业都在训练学生的独立作业。有的家长不重视，也不明白怎么训练，结果孩子作业不是拖拉，就是不独立。习课堂，任务二、任务四两次当堂作业，两次在老师的眼皮底下独立完成作业的训练，老师反复强调、反复表扬独立完成的，哪怕有错也不去看别人的。"限时作业"是训练作业速度的好办法。**快速作业的能力和习惯，几乎决定了今天的学生的幸福指数，不，还决定了家庭生活的幸福指数**。作业速度是要训练的。最好的训练办法是"限时作业"。什么时候作业速度最快？考试。考试"限时"啊。每次作业都限时就能训练学生的作业速度。习课堂每次做任务二、任务四都会有闹钟，一到时间闹钟就会叮当直响。每次答题前，老师都要进行一次课堂组织，学生不准抢答，不要提前答，老师说"开始"，所有人才能动笔。所有人同时起跑，跟时间赛跑，跟同伴赛跑。老师说，任务二我花了 7 分钟，你 6 分 59 秒完成，说明你战胜了老师。那是跟老师赛跑。女儿读初中，回到家几乎没什么书面作业，说她用学校里的零碎时间把作业做掉了。高中，晚自习回到家也几乎没什么书面作业，她的作业速度早训练出来了。我们不操心孩子的作业，孩子成绩也不错。作业速度、独立作业如此重要，重要的课堂却几乎不管？

（五）抗干扰的做事习惯。提前完成任务二、任务四的学生，大声背奖励题。有老师提出，出声有利背的同学，不利写作业的同学。人与人间的差别在 8 小时之外。8 小时外的时间不大可能是整块的，不大可能是安静的。课间订正作业，怎么可能没干扰？回家写作业，爸妈打个电话就嫌吵？高铁站、动车上看书，怎么可能没嘈杂声？除了看得见、摸得着的干扰，还有内在无形的、看不见摸不着的干扰。**表面的干扰都无法抵抗，心**

灵的干扰往往不知不觉中缴枪投降。速度快的学生完成任务就出声背诵奖励题，那是在提醒速度慢的，已经有人完成了，加油；还制造了可控的干扰环境，训练学生的抗干扰能力。所谓"可控的"，学生的背诵声音特别尖锐，干扰太大，老师提醒轻点。学生在可控的干扰下都无法专心写作业，那么课间订正作业、个别辅导作业都是扯淡。孩子看电视，你喊他他都没有听见。一专心别的声音不入耳了。习课堂强调"专心"，读书要专心，作业要专心，专心到外部有什么声响都影响不了。习课堂教研课，上到一半，外面响起一阵鞭炮声，听课老师都惊了一下，我马上环顾教室四周，没有一个学生转头循着那鞭炮声的方向看，多专心啊。任务一、任务三的自由读、齐读，要强调学生眼睛不要离开书本，老师走过你身边，眼睛不要离开书本，有不明白的地方，手举着，眼睛依然不离开书本。专心的能力、抗干扰的能力谁都知道重要，**重要的能力和习惯要在重要的课堂上训练**。

（六）**不拿腔捏调的读书习惯**。学生语文水平怎么样，拿一篇陌生的课文给他读便能看出。读得流利，学习成绩一定不错。疙疙瘩瘩，拿腔捏调，一定成绩平平。习课堂强调读流利，读书有速度。正常朗读速度，1分钟160字左右。500字的课文，全班齐读在3分钟左右。习课堂不太强调有感情朗读，这不是不重视朗读，而是务实。大量语文老师自小学毕业后，中学大学直到当了老师，几乎没有好好朗读过课文。我在校园里待了30年，几乎听不到语文老师的读书声。大量语文老师的朗读能力就小学的那点基本功。学生的拿腔捏调怎么来的？学来的。跟谁学的？跟老师学的。语文老师的所谓的有感情朗读，大多是成人版的拿腔捏调。朗读好的学生，大多只是掌握了朗读套路，这篇课文的有感情朗读跟那篇课文的有感情朗读是一个调的，"拿腔捏调"的"调"。一、二年级学生读书拖调是个通病，病根在于老师要求"有感情朗读"。学生以为拖着调子读就是"有感情"。读书拖调的班级成绩不会好，也做不好习课堂，时间来不及啊。习课堂强调正确、流利，强调"耳朵就是教学"，老师要听出学生哪里读得不好。这个不好，主要是不正确、不流利，没有精气神，而不是没感情。要求每一个学生做到正确、流利，学有余力也有天赋的学生去有感情。这是习课堂一贯的务实作风。

（七）**课前充分准备的习惯**。课堂时间 40 分钟不变，看一节课上能完成几个任务。每一节习课堂都有四个任务，四个任务保质保量完成，注意，不是指老师保质保量地"教"完，而是指学生保质保量地"干"完。要做到每一节课上都有 80％以上的学生保质保量地"干"完四个任务，不容易。老师要控制自己"讲"的欲望，学生要做好充分的课前准备。上课铃声已经响过了，才下发任务单，所有学生拿到任务单，1 分钟没了。习课堂强调课前准备，笔要放到位，橡皮要放到位，书要放到位，今天学习《刘胡兰》，要在课文《刘胡兰》、任务单《刘胡兰》夹上习课堂 Q 币书签；没有书签的，可以在《刘胡兰》那一课折个角。老师说读书、打开任务单，3 秒搞定。没有准备好的，拖拖拉拉 15 秒没翻到，一节课任务单打开两次，语文书打开四次，1 分钟没了。不少学校有预备铃，预备铃到上课铃的 2 分钟，小助手要检查同学们的课前准备。"课前准备"要在"课前"做。"课前"没有完成的"准备"，马上会占用宝贵的课堂时间。

习惯决定命运。课前做好准备的人，将来工作也能做好工作准备。读书学习能抗干扰，将来工作也能抗干扰。读书学习能用好零碎时间，将来工作也能用好零碎时间……小学是打基础的，习惯是最重要的基础。重要的事情应该在重要的地方做。课堂是教学的主阵地。**习课堂的"习"，也是"习惯"的"习"**。有没有第四阶段的习课堂？有。同一个小区 100 套户型完全一样的房子，装修后的面貌没有一样的。因为物业告诉你，除了承重墙和外墙，还有太多太多可以"动"的地方。习课堂的外墙是什么？任务单、闹钟、课堂管理口令、课堂激励印章。习课堂的承重墙是什么？把课堂时间还给每一个学生；"学了马上用"；教师是主导，学生是主体。除此，习课堂还有太多可以"动"的地方，太多可以发挥教师创意的地方。如课堂管理，呆板的管理还是灵活的管理，冷冰冰的管理还是有温度的管理，走流程的管理还是有理解的管理。如朗读课文。关键句段的读是机械的读还是灵活的读，关键句段怎么读、读几遍，关键句段的轻重处理等等。如课堂点拨。初用习课堂要管住嘴，第四阶段的习课堂允许老师"讲"，讲到点子上的讲，点拨的讲，四两拨千斤的讲。如课堂激励，不是老三套的表扬和激励，而是根据课堂实际情况发生的活生生的表扬和激励。如课堂示范，示范的水平越来越高，示范的时机把握得越来越好。如当堂听写，不是一次默写报一个词语，可以每次两个，可以每次三个，可以一次一个、一次三次间隔着报。对于面广量大的普通一线老师来讲，到第三阶段已经很叫人振奋。

第九讲　习课堂答疑

第一节　习课堂：淡化"说"

习课堂强化了"读"和"写"，淡化了"说"，原因如下：

（一）**完美状态不是现实状态**。"听说读写"全面发展的完美状态只有少数卓越老师能做到。习课堂面向大量普通一线老师。要求普通一线老师的课堂"听说读写"全面发展，其结果往往连全面平庸都很难达到。一个人能一口气提起 4 桶水当然好。明知提不起 4 桶水，而非要提 4 桶水，结果洒了一地，1 桶水也没拿到。只有提 2 桶水的力气，那就老老实实提 2 桶水。提了 2 桶水还有精力，再提第 3 桶、第 4 桶水。普通一线老师一下子提不起 4 桶水，那要找最关键最重要的几桶水——"读写"是语文的核心能力。"听说"是所有学科都要的能力，而非语文学科特有的能力。说一个人的语文水平高，主要指这个人读的书多、写的文章好。"听说读写"四个能力不是一般大小、平均用力。先要提的 2 桶水、必要提的 2 桶水叫

"读"叫"写"。张老师说，我的学生读写能力不强，但他们大胆发言，能说会道。不知道校长认不认这个账，家长怕不会认这个账。我们的教育还处于社会主义初级阶段，广大一线老师的教学水平也是社会主义初级阶段。初级阶段怎么可能一下子提起"听说读写"4桶水呢？初级阶段用高级阶段来要求，不切实际而又非要装出"切实际"的样子，那会造出一朵朵糊弄人的塑料花。这样的塑料花已经不少了。

（二）**回答问题不等于能说会道**。课上的"说"主要表现在"回答问题"。一个人的"说话"能力表现在现场性、交互性、机变性，而非有目的地回答问题。课间跟同学、老师交流，回家跟父母交流，日常生活的"说"随时随地发生。我怀疑"语文的外延等于生活的外延"，但我确认"说的外延等于生活的外延"。课上经常发言的学生，他们的"说"即便有发展，却预示着更多同学在陪听、被听。一堂课七八个学生积极发言挺热闹了，为了七八个同学的口语发展，却要几十个同学付出无效学习的代价。有人认为要培养学生认真倾听的习惯，前面我已经分析过了"认真听讲"有多难。教育的根本问题就两个，一个是急功近利，一个是好高骛远。习课堂想在两者间找到现实的平衡点。

（三）**书面语不等于口头语**。文盲的"说"的能力有可能比读书人好。想要发展自己的口头表达能力而整天看书，往往成为书呆子。我的演讲能力还行。我怎么学演讲的？一是有不少"讲"的机会，二是听了不少的演讲。曾仕强、郑强、魏书生、余世维、白岩松的。上下班一边开车一边听曾仕强的音频演讲，听到老婆说你的语调怎么有点像曾仕强。我买过罗永浩的两个"锤子"手机，倒不是手机有多好，而是罗永浩的演讲不错，吸收到了不少东西，作为感谢我买他的手机。我还搞不明白，演讲时我可以口若悬河，与人交往时我却常无话可说，朋友们都知道管建刚没什么话。"说"的能力到底是个什么玩意儿。我不知道别的语文老师是不是搞清楚了。

（四）阅读课不是口语交际课。阅读课的核心是学习书面语，学习书面语的主要方式是读和写。阅读课若承担起口语交际的功能，十之八九种了别人的地荒了自己的田。教材专门设置了"口语交际"，说明"说"的能力不只是习课堂的软肋，习课堂只是敢于承认自己做不好，先搁置。事实上，一个单元一次口语交际也远远不够。"每周演讲""每月辩论""每日新闻播报"等大量口语实践才是王道。最大的问题是没有时间。习课堂"刚需作业不出课堂"，学生从大量的课间作业、午间作业、回家作业中解脱出来，有了时间什么都好办。

第二节　习课堂：人文关怀

　　王老师说习课堂缺少人文关怀。我问她什么叫人文关怀，你的课堂怎么体现人文关怀的？王老师答不上来。说不清楚人文关怀是什么而又高举人文关怀的锤子砸人的也不少。人文的核心是关注人、关心人、爱护人、尊重人。这四个词的最后一个字都是"人"，"目中有人"的课就是关怀人的课，离开了"人"的关怀都是假关怀。习课堂改革是在听了无数的常态课后，发现太多老师心思都在自己的"教"，而看不见学生的"学"。习课堂把 70% 的时间还给学生读、背、写，老师腾出 70% 的时间去看见学生，去关注学生。看见一个个具体的学生是人文关怀的起点。这恰恰是习课堂最为强调的。哪怕表扬学生，习课堂都拒绝"同学们真棒""你们真厉害""为你们骄傲"等没有实指的话。习课堂要具体到个体的具体的行为的表扬。任务一自由读课文，小 A "的"字拖调，老师示范后，他改过来了。小 B 坐姿不对，一屁股坐满整把椅子，后背靠在椅背上。老师提醒后，他往前挪了挪，坐得很正。自由读结束，老师表扬小 A、小 B 的真学习、实进步。这不是人文关怀吗？任务二，一同学的笔没墨了，同桌小 C 停下作业借笔给他。一同学答题全对，老师夸了她。同桌小D同学连眼皮也没抬一下。任务二结束后，老师表扬小C给我们诠释了什么叫"友谊第一比赛第二"，表扬小D告诉了我们什么叫"独立作业"。这不是人文关怀吗？不少人以为，说几句煽情的话那叫人文熏陶，喊几句激动的话那叫人文教育。那是贴标签的人文关怀。习课堂要的是朴素、踏实的人文关怀——

（一）**作业速度与人文关怀**。孩子读三年级，每天回家作业都磨蹭到22：00，自己工作了一天也想休息、放松，可孩子的作业不完成松不下来。朋友说，每天的心情都跟孩子的作业啥时候完成有关。我提醒朋友要训练孩子的作业速度。朋友一脸迷惘。家长没有专业的教育教学知识，也没有专业的教育教学方法，不知道怎么训练可以理解。老师有专业的教育教学知识和专业的教育教学方法，应该要训练每一个学生的作业速度。18年教龄的张老师告诉我，用了一学期的习课堂，学生答题速度比以往教过的任何一届学生都要快。以往一年级期末考试读了题，还有学生不知道题目意思。现在，还没读题，学生都知道怎么做了。因为每一节习课堂都有两次在老师眼皮底下、在闹钟限时下的作业训练。"作业速度快了"，习课堂的重要训练目标。

（二）**使用零碎时间与人文关怀**。习课堂的任务二、任务四是限时作业。先完成的同学，背诵后面的奖励题。表面看，要学生多背诵多积累，背后的野心大着呢——教会学生使用零碎时间。单元考试，奖励题作为附加分，每次3分。作业速度快的同学，用任务二多出的1分钟，任务四多出的2分钟，背了单元测试上的3分钟，实实在在享受到了零碎时间的好处。每一节课都有一两句奖励题，一学期下来背了不少东西，期末开"奖励题"展示会，学生发觉课上不起眼的1分钟、2分钟累积起来，居然能有这么大的威力。智商不高的人也有成就一番事业的，情商一般的人也有成就一番事业的，智商和情商都一般的人也有成就一番事业的。然而，只要成就一番事业的人，都是对时间有极强的把控能力的。人文关怀有很多种，孩子会用零碎时间了，零碎的几分钟都会用起来了，这就是习课堂理解的踏实人文关怀。

（三）表扬激励与人文关怀。亲其师、信其道。"信"你的前提是学生"亲"你。学生不"亲"你，你讲再多的道理都没用，因为不信你。"亲信、亲信"，"亲"了才会"信"。怎么让学生"亲"你？习课堂的方法是表扬和激励。70%的时间还给学生读、写、背，学生成了课堂的主人、学习的主人，那老师干什么？课堂组织、课堂管理，还有课堂激励。老师去发现具体的学生在读、写、背中的亮点，真情实意地表扬。以往，课上的表扬和激励是老师的"副业"，想到就夸想不到就不夸，习课堂的表扬和激励是老师的"主业"，学生自由读课文5分钟，老师去表扬，去盖章；任务二、任务四学生作业15分钟，老师去表扬，去盖章。不表扬、不激励，老师成了一个无所事事的可以下岗的"闲人"。习课堂要求，一堂课上70%的学生都要得到盖章，70%的学生都有老师拍拍肩膀、摸摸头的亲昵动作。"亲昵"的"亲"就是"亲其师"的"亲"。太多太多的课看不到老师的微笑，太多太多的课听不到一句入心入肺的表扬。谈大道理能有什么关怀呢？学生跟我们一样，都是小老百姓，需要看得见、摸得着的人文关怀，习课堂不玩虚的。

（四）当堂熟读与人文关怀。走出校门后读书，没人指导、没人提问、没人讨论，读书会不会滋润你的心灵？当然会。只要给学生充分的读，只要把课文读到心里去。很多课堂80%的时间都是老师在讲、在问，20%的时间给几个积极主动的学生配合老师。回家没有充分预习的学生，老师讲到哪里、在讲什么，一头雾水。哪还有什么人文关怀？习课堂，一篇课文两课时，学生的读书时间不少于30分钟，课文的育人价值，不说十之八九，至少十之七八有了。还有"二三"怎么办？点拨。**点拨这个真功夫，最怕过度**。老子说"过犹不及"。妈妈教育三句，孩子认真听；妈妈教育五句，孩子不耐烦了；妈妈教育十句，孩子转身回房锁门。八分饱有益健康，十一分饱那是贪、那是害。身体的健康和精神的健康有着惊人的一致性。育人就像妈妈的唠叨，多一句往往适得其反。宁可"不及"，也不要"过"。"不及"，哪怕只有5分，那终究有5分；"过了"，那就不是0分，而是负5分。

（五）**身正为范与人文关怀**。习课堂激励学生挑战难题，直面困境；习课堂关注后进生，激励并辅导；习课堂提醒速度快的同学用好零碎时间……"人文关怀"可以拆开来讲，"人"的关怀、"文"的关怀，教育不能局限在"文"的关怀。"人"比"文"更重要。"文"讲诚信，老师左讲诚信、右讲诚信，生活中老师却没诚信。"文"讲毅力，老师左讲毅力、右讲毅力，生活中老师却没毅力。不少食堂写着"谁知盘中餐，粒粒皆辛苦"，然而光盘的学生很少，泔脚桶里的泔脚很多，道理讲了一万遍，道理都贴到墙上了，为什么？看看老师的光盘率吧。

第三节　习课堂：优等生

后进生从40分到60分，从50分到70分，进步看得见。93分的优等生要想提升到95分，难。**离极限越近，进步越小越难。**明白了这个道理，摆正了心态，我们再来谈习课堂如何培养优等生：

（一）**分层要求**。语文和数学很不一样。数学题的答案几乎都是一样的，对的就是对的，错的就是错的。语文不是。同样一道语文题，同样的"对"，不同学生可以有不同的表现。以抄写词语为例，后进生抄对了就是好，中等生抄对了字迹工整就是好，优等生抄对了还要努力写好字，学霸抄对了字写好了还要有速度。以朗读为例，后进生读正确就是好，中等生读流利就是好，优等生读得自然就是好，学霸要能读出自己的理解。以写话为例，后进生写一两行就是好，中等生写两三行就是好，优等生写三五行就是好，学霸则是有底线无上线。以回答理解题为例，后进生能答就好，中等生答对一点算好，优等生要答完整，学霸不但要答完整还要语句流畅、措辞得当……刚用习课堂，老师们会关注后进生的完成情况，忽略优等生、学霸，因为对他们放心。习课堂注重老师的课堂组织能力、课堂管理能力、课堂激励能力。课堂把控力上去了，不只要关注中后等生，也要关注优等生和学霸，用优等生的要求去要求优等生，用学霸的要求去要求学霸，而不是混在中后等生的要求里。

（二）**大量阅读**。优等生都能比较快地完成任务单，正确率也较高，他们的课间作业、午间作业、晚托作业少了没了，大量阅读要跟上。这也是为什么奖励题是读背经典名句。最初的几个月里未必能看出什么成效，但对学生后续的语文学习一定会有用（像六年级背诵都是中学课本里的古诗词名句）。习课堂要夯实优等生大量读背的"内功"。没有这个"内功"，优等生很难成为优等生。习课堂"刚需作业不出课堂"，腾出了时间不是让学生大量刷题，而是夯实"内功"。中等生要转型为优等生，这条路也非走不可。不然，这次得了优秀，下次又是良好，很不稳定。不稳定的原因是基础不扎实，"内功"不深厚，成绩带有运气成分，对胃口就好，不对胃口就不好。中等生的家庭往往没什么阅读氛围。老师要在教室里开展有效的大量阅读，六个字：定时、定点、定量。如，每天早上到班级就看课外书，每天早上看10页课外书成为班级要求，天天检查，天天考核。有希望成为优等生的两三个中等生要抓在手里，组建阅读群，有声阅读、打卡阅读、睡前10页等。人不多，抓得住，一个中等生转变成功能带来很大的群体效应。

（三）**小老师**。不给优等生和学霸作业他们自己也会去找作业，老师只要给信任、给欣赏、给方向。习课堂强调课堂示范，低年级以老师示范为主，中高年级转向学生示范为主。提前给写字小能手粉笔和小黑板，练写要示范的字。这一周请小张当小老师示范，下一个星期请小李。这一周小张示范好了，粉笔和小黑板要有仪式感地转交到小李手上。小老师得到鼓舞，别的同学得到激励。习课堂强调朗读，提前请优等生、学霸读好课文，第一课小张当小老师，第二课小李当，第三课小江当……朗读示范不用全文示范，关键段、关键句即可。优等生完成任务单了，奖励题也背出来了，可以当小老师。帮老师批改选择题、判断题，帮老师辅导后进生。"教学相长"，"长"的不只是能力，还有自信。以往的课上，老师关注了10个优等生，每人2次，优等生很有存在感了。现在，班上50个学生都得到了老师的关注，10个优等生还是每人得到2次关注，35个中等生、5个后进生也得到了2次关注，优等生的优越感没了，取而代之的可能是失落感。生了二宝，妈妈对大宝的爱一点也没减少，大宝却不这么想，大宝认为小宝夺走了妈妈的爱。怎么办？带着大宝一起去爱小宝。

（四）获得感、成就感。优等生之所以"优"，主要是他们经常得到老师的激励和鼓舞。习课堂不建议老师当堂批改学生的任务单，老师的精力放在课堂管理和课堂激励上。学生的课堂常规好了，师生的默契度高了，才可以有选择地当堂批改学生正在做的任务单，如第一课时的任务一可以选择批改抄写词语，目的是看学生的字好，那就批改字写得好的；目的是看学生的抄写速度，那就批改速度快的；目的是又快又好，那就寻找这样的作业榜样。也可以批改选择正确的读音，全对的打一个大大的钩，没全对的不批改。第一课时任务二可以批改思维导图，也可以选择批改按课文内容填空。时间到，全对的同学举手或起立。第二课时的任务一和任务三，可以选择批改选择题、判断题，当堂反馈，当堂激励。任务三还可以选择批改写话，中途看到写得好的，马上读给全班同学听，既表扬作者，又激励他人，还给中后等生参考。对了，单元考试要把奖励题作为附加题，每次3分，每一个单元优等生都会因为自己的"优秀"而有获得感（单元试卷全年级统一、没有奖励题的话，考试时用PPT出示奖励题填空）。

以上四点，选一个入手，成熟一个再做下一个。不要四个项目全部上马，手忙脚乱什么也干不成不说，还直怨累死人。"认识你自己"，刻在阿波罗神殿大门上的五个字。认识自己的能力，有一点能力那就做一点，有两点能力那就做两点。

第四节　习课堂：学生个性

习课堂用同一个流程、同一张任务单，有人担心学生会没有个性。这里有以下几个认识上的误区：

（一）**内容一样不等于个性一样**。一家人吃了同样的饭菜，吃进去饭菜以后，每个人长的膘、长的肉一样吗？当然不一样。每个人的消化能力、吸收能力不一样。叶问收了 30 个徒弟，都在练咏春拳，30 个徒弟的个性一样吗？不可能。一个班级 50 个学生，语文同一个老师上的，数学同一个老师上的，英语同一个老师上的，音体美同一个老师上的，可是班上的学生迥然不同。语文这东西，即便内容一样也可以要求不一样，前面分析过。

（二）**规范管理不等于消灭个性**。规范管理是课堂效益的基本保证。习课堂强调课堂管理，强调作业管理，强调订正管理，黑笔写作业，蓝笔订正作业，红笔批改作业。这不是机械，这叫规范。规范订正可以提高复习效率。居家生活，这个抽屉放袜子，那个抽屉放内衣；这个抽屉放药品，那个抽屉放小饰品。收了衣服往抽屉里一塞，找袜子半天没袜子，这不是有个性，这是没规范。没规矩的孩子没出息。军队最规范。穿的衣服是一样的，戴的帽子是一样的，扎的皮带都是一样的，皮带扎哪个部位都是一样的，穿的鞋子是一样的，被子是一样的，床是一样的，吃饭拿的碗和勺是一样的。当兵的人都是没有个性的？兵哥哥一个个都个性十足。规范管理不是消灭个性，那完全是两码事。

（三）**自由不等于有个性**。不是有自由就有个性，不是想干啥就干啥叫有个性。自律给你自由。**自由的基础是自律，没有自律便没有真正的自由**。自律是已经内化了的规范，自律的前期一定是他律。规范和个性就像是民主和法治。法治不是约束人的民主，法治正是保障人的民主。规范不是束缚人的个性，规范正是保障人的个性。学生的个性跟教育的规范没关系，跟教育的民主和平等有关系。不是你不管他他就有个性，那不叫个性，那叫任性。个性发展的路上一定需要"管"，民主的管、平等的管，老师的民主与平等的"管"，家庭的民主与平等的"管"，后者的作用更大。因为人的个性的关键期是3—6岁。"三岁看大，七岁（虚岁）看老"，一个人的性格特点6岁前大致方向都决定了，6岁后大多顺着6岁前的方向走下去。我们的个性特点跟小学语文老师有多大关系？不要把课堂教学万能化，也不要把学校教育万能化，这样不是把自己活活累死，就是把自己活活气死。

习课堂强调小学教育是基础教育。基础教育的"基础"是什么？基础就是全体，基础就是共性；基础即人人都要的相同的内容。造楼房，地面以上的设计各式各样，地面以下的打桩却只要结实，不要花样。

第五节　习课堂：教师专业发展

习课堂能比较快地让老师的课堂有效起来。习课堂能提升老师的公开课能力吗？公开课是有追求的老师绕不开的话题。前面说了，大多数老师常态课都是打了两三折、三四折的公开课，如此能提高公开课能力吗？不能。能的话，那教了10年书的老师都应该是学科带头人，教了20年书的老师都应该是特级教师，教了30年书的老师都应该是著名特级教师。小王老师赛课得了全区一等奖。大家很意外，小王老师上岗才 3 年，刚有资格参加赛课；一年来小王老师一心一意做习课堂，临时换用公开课的套路。小王赛课获奖的原因在于——

（一）**课堂语言干净**。习课堂的语言必须干净。"嗯""那么""好，接下来我们"的口头禅不能有，"你读得很好""你读得很有感情""大家做得很认真"等套话也要消灭，"好不好""要不要""可不可以""愿不愿意"的口头问也统统删去。"现在老师教给大家一个节奏，请用这个节奏读。听老师读，然后你们再读"，只需要说"跟老师读"。"老师教给大家"不用说，老师的行为本身就是"教"；也不用说"一个节奏，读的节奏"，示范本身就是那个"读的节奏"。30 个字只要用 4 个字就可以了。听一线老师的常态课，一半以上的话重复、啰唆，10 分钟的话硬生生拖沓到了 20 分钟以上。习课堂给老师的时间很少，容不得浪费，一浪费任务单来不及。小王老师干净的语言，习课堂逼出来的。

（二）**课堂管理到位**。大班额授课，老师经常要组织学生来到共同的学习频道。没有有效的组织，同一时间学生会处在不同的频道。人多非要组织不可。课堂组织的常见问题有：疏忽组织，不知道要组织；组织不力，有组织但没起到作用；重复组织，课堂节奏拖拉了，时间浪费了。在课堂组织、课堂管理的训练上，习课堂有天然的优势：学生有大块的读书时间、作业时间，老师可以在这段时间里注意学生、观察学生、管理学生，小王老师的课堂管理能力练出来了。

（三）**激励到位**。调动学生积极性的最有效的方法是表扬和激励。别以为表扬和激励很简单。当当搜一下，很多关于激励的书，《正向激励》《不懂激励，你怎么带团队》《这样激励，人们就会追随你》《激励人心》《激励核能》《激励：让员工自觉工作的 116 个技巧》……**激励绝非一学就会，激励是一门大学问**。习课堂要求老师走进课堂，心里预设好任务一、任务三的"读"要表扬哪些方面，任务二、任务四的"写"要表扬哪些方面，课上老师的眼睛像探照灯一样从多个方面去闪亮学生的优点。小王说课上光有表扬不行，学生会浮躁，光有管理也不行，会死板。表扬激励和组织管理并用，相得益彰。

（四）**示范过硬**。一线老师要用简单的方法去"教"，简单的才能长久，才能用一辈子。前面专门讲了老师的示范。小王的朗读示范、写字示范大有长进。

（五）**有亲和力**。会激励会表扬的老师往往就是有亲和力的老师。表扬和激励没有预期的效果，主要原因是老师没有亲和力：老师很少微笑，夸学生也板着脸；给学生盖"你最帅"的章，老师身子微微俯下一点点，只要手够得着了，腰再也不弯下去了，老师直挺挺地、居高临下地盖章；老师的语气语调都是平直的，没有抑扬顿挫；老师说话的时候只是嘴巴说话，眼睛不会说话，身体不会说话……习课堂训练老师的亲和力，前面已有详述。

习课堂上得好，公开课或比赛课绝不会吃亏，因为习课堂：

（一）**扎实功底**。习课堂上好了，语言干净了，课堂会组织了，课堂会管理了，激励信手拈来了，老师的亲和力出来了，示范的本领增强了。比赛课的教学设计一般都是集体智慧，就怕集众人智慧的教学设计出来了，你上不出来，上不到位，上砸了。著名特级教师的教学设计，拿来上不出效果的多了去。为什么？教学基本功不行。教学基本功究竟有哪些？习课堂做了扎扎实实的回答：课堂语言、课堂组织、课堂管理、课堂激励、课堂示范、课堂亲和力。舞蹈演员的压腿、下腰、踩胯、翻转、柔韧性、平衡性等练好了，只要有一个好的舞蹈设计，便能精彩表现。习课堂不难，基本功有什么难的？简单不等于容易。简单练到极致就是绝招。

（二）**目中有人**。老师讲台上摆了一份教案，学生读书或讨论，老师赶紧看一下教案。注意，这还是提前一天通知了听课的。有人说当了10年老师，一本书那么几篇课文，应该很熟呀。说这话的肯定不在一线教书。

学校大多循环教学，哪怕小循环也要 3 年，三年级上过的课，3 年后早忘光了，哪怕 3 年前精心准备的公开课，3 年后也忘得差不多了。习课堂老师干什么？"看"学生，去组织学生、管理学生、激励学生。"组织、管理、激励"这些顶重要顶重要的教学基本功，却在一日又一日的荒芜里杂草丛生，最终不见了。小王老师说多亏了习课堂，我看见了一个一个的学生。

（三）**赢在执行力**。习课堂开发了每一课的任务单、PPT，上久了，教学能力会不会下降？答：用好了任务单，执行力上去了，非但不降，还会提升。中国的各行各业都要关注执行力、优化执行力。习课堂的核心价值是打造教师的课堂执行力。一线老师跟手机用户类似，不负责研发，负责用好。语文老师几乎天生是班主任的命，回到家还有两个娃等着，国家还在提倡生三个娃，哪有时间去自个研发？一线老师的执行力比研发力更实在，更有普遍价值。这个道理放在企业和机关很平常，《高效执行力》《引爆执行力》《赢在执行力》《团队执行力》《阿里巴巴执行力》《华为高效执行力》《左手领导力，右手执行力》……那么多的书都在讲执行力，执行力就是战斗力。

第十讲　习课堂教学管理

第一节　习课堂管理误区

学校行政管理常见的五个误区：①**管理等于写方案**。先有总体规划，再有具体方案。一个方案只是规划里的一个点。没有规划的方案不知道自己"点"在什么位置。比方案更重要的是行动，方案是为了更好地到达目的地。②**管理等于发通知**。行政人员通知转发到教师群里，写上截止日期以及"辛苦大家"，完事。③**管理等于收资料**。催教研组交资料，催老师交资料，催学生交资料，资料装订成册给上级部门检查。④**管理等于搞活动**。轰轰烈烈地筹备活动，轰轰烈烈地举行活动。活动结束等于管理任务完成。⑤**管理等于发微信**。三五张照片，三五百文字，三五点收获，推送，完事。习课堂是一项课堂教学改革。教学改革的背后是管理改革。没有教学管理改革，教学改革必定穿新鞋走老路。

学校的首要问题不是专业，而是"人"，人的态度。态度决定一切。

请专家、办活动，首先要提振人的态度。如，14:00 的活动，13:50 签到；入会场，从前排第一座往后坐（退一步按座位贴入座）；专家入会场，老师们起立鼓掌；听讲期间不拿手机……培训活动，还是锤炼学校行政管理团队的组织能力、管理能力。老师们拖拖拉拉签到，会场里的人东一撮、西一撮，听讲期间眼睛看手机的多……来再多的专家也没用，到最后也没专家来。引进一个改革项目，有人喜欢，一定有人不喜欢；有人真心做，一定有人假意。改革项目首先带来的并不是项目本身，而是给学校管理改革带来了契机。为了要做好项目，搭建了新的管理班子，教学管理有了新的配套举措，评价机制也有了重大调整……如此，学校才会有真变化。火车跑得快，全靠车头带。学校的车头就是行政管理队伍。行政管理队伍没有变化，行政管理意识没有变化，行政管理方式没有变化，行政管理人员价值定位没有变化，项目100%落空。"在其位"要"谋其政"。比较悲催的是，学校往往只有一个行政管理人员，那个人的名字叫校长。校长的好坏跟学校的好坏捆绑在一起，学校好校长就好，学校不好就是校长不好。别的行政人员的好坏首先跟自己的学科教学质量捆绑在一起，而不是跟分管的行政工作。数学教导的好坏应该看学校的整体数学教学质量，而不是自己那一班数学。语文教导的好坏应该看学校的整体语文教学质量，而不是自己那一班语文。大量学校的语文教导的主要精力在自己班的语文教学，而不是自己学校的语文教学。数学、英语一样。

  习课堂动的是家常课，每一位老师的课，每一位老师每一天的家常课。习课堂动了教学改革中最硬的骨头，没有一支有信念有信心有担当的行政管理团队，不可能。北大陈春花教授说，如果把满意客户的工作设定为 100，下属能够达到的水平设立为 x，懂得"$100-x=$自己的工作"的人才是真正的管理者。同理，教学改革的预设目标是 90 分，目前老师们能做到 70 分，懂得"90 分－70 分＝自己的工作"的人才是真正的教学管理者。20 分的差异不可能说做到就能做到，需要"规划"，四年规划，每个学年进步5分，每个学期进步2.5分。每个学期怎么进步2.5分？要有具体的方案。有了方案，行政人员要有管理上的执行力，朝着既定目标一小步一小步走。出现了问题，商量解决对策，再付诸行动，行动中又出现了新问题，再商量对策，再付诸行动，这才是真管理。

第二节　习课堂备课管理

习课堂提供教师版任务单、学生版任务单以及配套PPT。习课堂不用备课？错了错了。任务单、配套PPT都是外在的备课。习课堂要内在的备课，习课堂追求备课备到心里去。习课堂备课四件套：

（一）**读课文**。示范是最好的教。习课堂的示范朗读要随时随地，听到哪里有问题就马上示范，而不是固定在哪里。自己反复读了，哪些地方难读，哪些地方容易读错，哪些地方自己练读几次才读到位。自己反复读了，对学生的朗读预判就比较准确，哪些地方要提前示范，哪些地方要留意听学生读。语文教学以读为本，语文课"读"字当头，"读"占鳌头，教室里要书声琅琅。习课堂要求老师的备课在读课文上下功夫。很多老师认为读课文谁不会。一篇千字文要一口气正确、流利地读下来，很不容易，很不简单。一个不备朗读的语文老师能上出怎样的语文课？朗读备课怎么落实？每周一上午8：00，老师上传本周要上的朗读音频，组长从"准时上传""朗读流利""有感情"三个维度评出30％的"优秀"。教研组可以选一位朗读好的语文老师，提前两天示范朗读后，发QQ教研群供大家借鉴。

（二）**做任务单**。学生版任务单老师要工工整整答一遍。答好的任务单周五拍照上传（跟上传课文音频错峰）。教研组长从"准时上传""字迹工整""独立完成"三个维度评出30％的"优秀"，此三条，第一条容易，后两条不易，可见，要求学生字迹工整、独立完成是一个很不简单的要求，要反复抓、努力抓、抓反复。要求学生用怎样的态度书写，老师就用这样的态度书写，这叫示范。教师版任务单上都有答案，老师不能抄。自己独立做一遍，才知道难点在哪里，答案跟哪个关键句、关键段有关，才知道任务一、任务三的"读"的要点在哪里。学生任务单上的每一道题都要做，包括抄写词语。抄写了才知道时间要多少，任务二设置的时间够不够。抄写了才知道哪几个字容易写错，哪几个字不容易写好，学生抄写时老师的个别指导才点拨到位。学生怕写话，根本是老师也怕写话，老师很少示范写话。老师写过了，知道难点在哪里了，必要的指导才能四两拨千斤，才能节省课堂时间还给学生"写"。任务单做好后，每周一上午 8：00 拍照上传后，教研组长 12：00 前把评价表填写好，发给分管教导。字迹工整与否，一目了然；是否独立完成，看主观题跟教师版任务单是否一样。老师都抄答案，学生会怎样？

（三）**研任务单**。任务一和任务二是一组"学"和"习"的关系，任务三和任务四也是。习课堂备课的要点之一：看懂任务一的"读"和任务二的"写"的关系，任务三的"读"和任务四的"写"的关系。老师做了一遍学生版任务单，回头再看教师版的任务单，便能清楚里头的奥秘了。行政管理怎么检查？看批注。教师版任务单，老师要有圈画、批注的痕迹。

（四）**改课件**。要插入计时器。时间，习课堂的三大关键词之一。计时器必须由任课老师自己插入，理由前面已分析。要调整 PPT。配套的 PPT 是基本版，要适合自己的班级自己的教学，必须要有调整。如，班级整体水平高的，可以删去一些"读讲义"，班级整体水平弱，可以加上一些"读讲义"；哪个关键句要反复出示的，哪个关键句读一下即可。

【附：每周朗读音频、任务单上传表格】

成员	读课文			做任务单		
	准时上传	流利	有感情	准时上传	字迹工整	独立完成

第三节　习课堂走课管理

使用习课堂，不只有陌生期，还有打破自己的痛苦期——大概两个月，一堂课完不成四个任务单，学生的正确率降低了，老师手忙脚乱了……信任习课堂，主动参与习课堂的老师，能相对顺利地度过打破自我的两个月。怀疑的、半信半疑的老师，没有外部管理，走着走着保你回到老路上去。世上最好走的路叫老路。老路哪怕出了点事儿，那也不是我的事儿，而是老路的事儿。何况，习课堂要的不是公开课式的展示一下，习课堂要日常的每一课。走课管理，正是出于这一目的诞生的。走课，用 40 分钟时间，了解所有习课堂实验班老师的情况。习课堂的工具化、标准化，也便于走课管理的标准化和常态化。走课不是评课，走课是了解基本情况。走课不听完整的课，以 20 个教学班为例，走课 40 分钟，平均每个班级停留 2 分钟，一（1）班里看到任务一的教学，二（1）看到任务二的教学，四（1）看到任务三的教学，六（1）看到任务四的教学。下面以四个任务为节点，说一说走课看什么。

（一）"任务一"看什么。①看闹钟。PPT 是否插入计时器。自由读词语、自由背句子有没有随机使用实物小闹钟。"随机使用"说明时间观念进入老师的心里了。②看课堂组织。从读课文到读词语，从读词语到读课文，从读课文到读关键段，从读关键段到读关键句，环节间的切换是否有课堂组织，组织是否有效、到位。任务一转向任务二，任务二转向任务三，任务三转向任务四，也要看课堂组织。③看课堂管理。听课堂管理口令是否经常使用，是否有精气神，是否生动好玩。老师是否迈开腿，时而在教室的后三排，时而在教室的前三排，时常俯身倾听学生，时常起身看全班情况，符合"看个体的时候想着全体，看全体的时候想着个体"的管理原则。看盖激励章的频率，看老师是否有表扬"具体的人和行为"。④看朗读示范——老师随时随地的朗读示范。⑤看任务单。看任务单有没有及时批改。看当堂听写，是否每一课都在训练学生"一边抄一遍记"的习惯。⑥看时间。翻看任务一旁边注的时间，再看上课到现在几分钟了，判断老师是否来得及完成任务一。⑦听管住嘴。习课堂要求把口头提问改为书面提问，杜绝随意提问。遗漏的重要问题，补进下一课的PPT或任务单。习课堂要求把讲解改为讲义，把老师的"讲"变为学生的"读"。任务一、任务三时间不够，主要是老师管不住自己的嘴。

（二）"任务二"看什么。①看闹钟，同任务一。②看课堂组织，同任务一。③看课堂管理，同任务一。注，习课堂管理实现师生默契了，看课堂管理口令的创新，每个班都有自己的新口令。④看个别辅导。学生答题，老师对后进生做一些个别辅导。⑤看是否当堂批改。任务单不提倡当堂批改，这段时间老师的主要职责是课堂管理。⑥看时间。看任务二设定的作业时间，看屏幕上显示的剩余时间，联系上课到现在的时间，判断任务二是否来得及。⑦看任务单。同上。另，看学生当堂完成任务二的情况。⑧看读背奖励题。完成任务二的学生是否主动出声读背奖励题。学生完成任务二后不知干什么，老师提醒后才背奖励题的，还没入门。⑨看学生专注度。走课老师一进教室，看学生是否常抬头、转头看走课老师。

（三）"任务三"看什么。①看闹钟，同任务一。②看课堂组织，同任务一。③看课堂管理，同任务一。④看朗读示范，同任务一。⑤看任务单，同任务一。⑥看时间，同任务一。⑦听管住嘴，同任务一。看学生专注度。老师是否强调一边读一边记，中高年级学生是否东张西望看走课老师。

（四）"任务四"看什么。①看闹钟，同任务一。②看课堂组织，同任务一。③看课堂管理，同任务一。④看个别辅导，同任务二。⑤看是否当堂批改，同任务二。⑥看时间，同任务二。⑦看任务单，同任务一、任务二。⑧看读背奖励题，同任务二。⑨看学生专注度，同任务二。

习课堂实验班的语文课应统一排在第一节、第二节或第三节，走课不用提前通知老师换课，更容易看到常态了。走课管理要注意：①**走课管理频率**。一周一次。一节课看所有习课堂实验班的全貌。②**走课管理成员**。各年级教研组加上语文行政。20个以内的实验班，一名教研组加一位行政人员；超过20个的可分两组。③**走课管理记录**。设计一张走课表格，主要内容有：闹钟、课堂组织、课堂管理、课堂激励、课堂示范、任务单、时间管理、读背奖励题、学生专注度。记录表最后一行写下周走课要关注的名单。④**走课管理反馈**。记录表反馈到教导处，教导处反馈到教研组，教研组反馈到个人。⑤**走课跟踪管理**。确定下一周跟踪管理的名单，确定日常教研活动的帮扶名单。刚用任务单，100%的老师都会时间不够，完不成四个任务。走课管理要有一个弹性期，第一周、第二周，一节课完成两个任务，第三周、第四周完成三个任务，第五周、第六周完成四个任务。改变需要时间，老师需要，学生也需要。一个半月到两个月，实现一堂课完成四个任务。行政管理要发现第一个完成四个任务的老师，请他上展示课，增强大家的信心。不管做什么，想要做好，都要有信念。没有信心、没有信念，什么都做不好。云南杨校长用习课堂打败蝉联当地19年语文第一的牛校，分享时她说，为了不干扰老师们的习课堂改革，我们暂不参加别的听课活动。

行政管理每年都要特别关注一年级实验班。幼儿园和小学一年级的差异比较大。第一周可以不急着上课，认识什么是语文书，认识什么是任务单，认识什么是任务一、任务二、任务三、任务四，认识"奖励题"三个字，认识什么叫连线题，认识什么叫填序号，认识必要的阿拉伯数字的"1234"以及中文的"一二三四"，要学习怎么翻书，怎么拿书，怎么指读，怎么画线，怎么用橡皮，怎么放下书，书放在哪里；怎么拿笔，笔放在哪里。带领学生练习课堂管理口令，先练习两三个常用的口令。一年级的学生要学习指读，所以，"书本往外斜"的口令还用不着。一年级最要学的是"说看老师，就看老师""说看黑板，就看黑板""说看屏幕，就看屏幕""说坐好，就坐好""说拿笔，就拿笔"这个简单的"万能"课堂管理口令。一年级上学期学完拼音前，任务单的奖励题可以用，也可以不用。不用，老师要想出别的事儿，让提前完成任务二的学生有事干。奖励题的根本是让学生用好课上的零碎时间。用，老师可以提前录好奖励题的音频，用手机循环播放，学生跟着指读。老师读的时候要用"跟我读"起头，这样，中途加入的学生也能指着奖励题上的第一个字跟读。

第四节　任务单讲评管理

习课堂任务单要做到当堂完成、当天批改、当天讲评、当天订正，一天只要完成一张任务单。中高年级一学期50多张任务单，一周5天完成5张任务单，11周便能完成。从当堂完成到当天订正，中间是及时批改和讲评。习课堂任务单课上不讲解、不讲评，下课铃响，任务单收起，批改试卷一样批改任务单，边批改边分类，批改作业要收集信息，讲评才有料、有干货。从第一题讲到最后一题是最没专业性可言的讲评。任务单什么时间讲评？怎么讲评？

（一）**讲评时间**。作业几乎天天有，课程表从没"讲评作业"课。讲评时间要老师自己找。有的老师找了，有的老师没找。有的老师每天都找了充足的讲评时间，有的老师每次讲评都很仓促。优秀教师会根据自己的课务、值班情况，整理周一到周五的作业讲评、订正的时间，周一安排在中午，周二在大课间，周三又在中午，周四在晚托，周五在自习课，他们班的作业量不比别的班多，考试成绩却一直名列前茅。无效讲评，学生订正你抄我、我抄你，辛苦做下的作业，除了辛苦什么也没得到。习课堂任务单的讲评和订正时间 15 分钟即可。为什么？习课堂任务单的课上作业时间也只有 15 分钟左右。

　　（二）**讲评准备**。讲评任务单，不用每一道题都讲评，要刷选出错误率比较高的题目（个别有错的，大家订正时老师单独辅导），准备简单的讲评 PPT。这个错题要读哪个关键段、哪个关键句、哪个关键词，学生便能订正出来，老师把关键句、关键词放进 PPT，讲评时，学生读题后再读对应的句段，大多迎刃而解。这些句子、关键词，习课堂配套 PPT 里都有，复制即可。任务单讲评不是讲答案，而是回顾任务一或任务三的"读"，学生由此明白"读"与"写"之间的关系。讲评时点明两者的关系，以后学生读任务一、任务三会更投入更用心。没有质量的讲评，没有质量的订正，任务单的"最后 1 公里"出问题了，前面走的 99 公里都会受到影响。讲评准备是有效率讲评的基础。

　　（三）**讲评原则**。教师讲评任务单学生不能动笔写，只能读，只能听，只能说。讲评结束，统一开始订正。知识性、资料性的错题，可以讲答案，但要马上记。思考性的习题不讲答案，读对应的关键段、关键句、关键词，还有学生不会怎么办？最后一层窗户纸老师不能捅破。捅破了，学生还以为自己会了，师生演了一出"掩耳盗铃"的戏。建议这样的题可以放弃。并不是给孩子吃东西就是好。孩子已经吃饱了，大人说你吃你吃你吃呀。这不是爱，而是痛苦。思考性的题目，以后考到原题的可能性很小。哪怕考了原题，那些靠老师讲答案的学生还是不会。贴在作业本上的答案，一节体育课就可以忘掉。每次的难题老师都讲了答案，这些学生以后遇到难题就不会动脑筋，老师反正要讲的，着什么急。这道题不订正，空着，学生知道自己跟别人的差距，这就是做不出的难题存在的价值。

15分钟任务单讲评的流程，有三步：

（一）**表扬**。表扬正确率高的、进步大的，2分钟左右。名字打在PPT上，个别学生的任务单拍成照片在PPT上展示，表扬时渗透老师要的认真作业的方向，这一周重点表扬字迹工整的，下一周重点表扬审题仔细的，下下周表扬检查和修改的。

（二）**读**。读错题、读资料、读关键句段，8分钟左右。先读错题，再读对应的资料、对应的关键句段。错题中，如有审题的问题，题干中的关键词要标注。读资料，不仅要"读"，还要"记"，订正的目的不是写在纸上，而是脑子里。注意，不能读一题订正一题。

（三）**订正**。前两个环节约8分钟，当堂订正时间约7分钟。有的老师一讲评又忘了"管住嘴"，学生来不及订正，丢下一句"订正好了来办公室批"。如此订正，十个学生有七八个不是独立订正的。不独立订正的学生不会听讲评。后进生已经有了不独立的坏习惯，改变坏习惯首先要靠"管"靠"盯"。订正前用铅笔画好横线，订正在横线上。低年级习课堂还有配套的米字格章。四到六年级写作业用黑笔，订正用蓝笔，便于复习错题，错题是复习的重点。全对的学生课外阅读；课堂管理到位的班级，全对的学生可以当小老师辅导后进生。小老师上岗前要培训，要点是不能给后进生讲答案。先订正完成的学生可以复习任务单。时间到，小组长统一收起订正的任务单，老师再统一批改。学生在老师的眼皮底下独立完成订正，作业的"最后1公里"才算到了家门口。

讲评任务单，要用课堂管理口令、课堂管理印章和闹钟，这三个内容可以给学生仪式感，讲评、订正就跟正式上课一样，不可以随随便便，不可以趁老师不注意去看别人的答案。仪式本身，会让学生重视订正，认真订正。习课堂教学管理要让任务单讲评、订正落到实处：①教导处督促实验班老师确定每天 15 分钟讲评时间，表格上交，便于任务单讲评的行政走课。②教研组每周张贴一张任务单批改自查表。老师下班前打钩。③每周结合走课管理，查看任务单的批改和订正，警惕任务单正确率过高的班级，重视订正的用笔、画线。④任务单讲评视频课评比。作业讲评大多数老师迷雾里摇船，完全凭感觉。

第五节　习课堂作业生态

"刚需作业不出课堂"，习课堂的每日行动。刚需作业包括"刚需书面作业""刚需非书面作业"。刚需书面作业包括抄写和默写、课后习题、配套练习册；刚需非书面作业包括读课文、背课文、读背资料。习课堂的任务一和任务三嵌入了朗读和背诵。任务二、任务四嵌入了抄写默写、课后习题、练习册习题。书面作业是课堂教学的组成部分，是当堂检测、当堂巩固、当堂促进的重要手段。习课堂以课堂变革来实现"书面作业不出校门"。课上学生努力读、背、写，课后要有获得感了。没有获得感、没有回报的努力，时间久了一定会涣散。习课堂的作业生态建设如下：

（一）**复习与预习**。周一到周五的回家作业是复习与巩固，艾宾浩斯遗忘曲线告诉我们，没有复习与巩固那是违背科学。词语要复习巩固，背诵课文要复习巩固，做过的错题要复习巩固。选择题常有"选出错误"的一项，复习时要巩固正确的选项是什么。周一到周五，课上每天一张任务单是新授，回家把当天新授的内容搞清楚、弄明白、复习好、巩固好，那叫基础扎实，那叫习惯培养。这是任务单的复习功能。

（二）**阅读与日记**。①诵读。课标确定的 80－100 首必背古诗词，一、二年级每周背诵1首古诗词，三、四年级每周熟背并简单理解1首古诗词，五、六年级每周熟背并理解1首古诗词。每周班级自行组织考核检查，每学期组织一次年段考核：一、二年级抽签背诵活动，三、四年级古诗词默写大赛（错别字不计），五、六年级全员参与古诗词专项竞赛。②**整本书阅读**。结合"快乐阅读吧"开展主题阅读。一、二年级每周向学生推荐必读绘本1本，两年绘本阅读不少于100本；三、四年级，两周向学生推荐科普类、童话类、桥梁类书籍1本，两年必读50本优秀图书；五、六年级每月向学生推荐中外名著1本。期中，教研组内老师5分钟PPT交流；期末，教研组长集中本组经验，全校8分钟PPT交流。③**日记**。三到六年级可在"循环日记"和"百字日记"中选一。

（三）**发展与提升**。双休日选做练习册上的发展性习题。周一到周五都在练基本功。基本功扎实了，周六周日练练拳法和套路。双休日的书面作业要抓住家长也无计可施的后进生。怎么抓？周六晚8：00完成的作业QQ老师助手上传，老师批改后返回。周日也如此。如果家长不肯配合上传那就算了。教师不是万能的。

（四）**期末复习**。作业生态要管住期末。**期末要管住文印室，管住无节制印试卷**。日常作业是夯实基础，一是基本知识、基本能力，二是态度和习惯。两者是一枚硬币的正反面，日常作业训练学生的基本知识、基本能力以及态度和习惯。期末复习针对本地区考试的题型。可研究本地区近三年的统考试卷上的习题，出题人的思路不太可能有多大变化。今年有大变化，后面几年也就稳定了。日常基础扎实，态度端正，期末有针对性地练习，考试不会有问题。

第六节　习课堂研课管理

70％的时间学生在读、背、写，习课堂听课没必要从头到尾，尤其熟悉了习课堂流程后。建议采用视频研课。上课老师录制视频后，发送学校FTP，教研组老师各自下载观看。任务一学生自由读课文 5 分钟，不想看的，快进；任务二学生作业 10 分钟，不想看的，快进。看到有想法的地方，填表记录，如：

执教		课题	
时间 1	4 分 05 秒到 4 分 20 秒	启发 1	学生自由读课文后，老师表扬两位同学的读书情况，既是过渡，又是小结，还点明了大家读书该努力的方向。
时间 2		启发 2	
时间 3		启发 3	
时间 4	15 分 15 秒到 15 分 35 秒	建议 1	没发现举手的同学，建议巡视时要多看到全体。
时间 5		建议 2	

教研组的老师们看过了，记录表填好了，教研组活动可以开始了，边看视频边谈启发和建议。习课堂视频教研的好处：①**接近常态**。视频课没有听课老师，更接近常态课，可以看到更真实的带班教学。②**听课时间灵活**。以往，教研活动要同年级的老师集中起来，换课很麻烦。视频教研不用换课。有空了看视频，没有一整块时间，可以分几次看。③**选择性听课**。关注任务一、任务三的老师，重点看任务一和任务三；关注任务二、任务四的老师，重点看任务二、任务四。关注课堂示范的，重点看示范；关注课堂组织的，重点看组织；关注课堂激励的，重点看激励。④**有图有真相**。一边播放视频一边说启发和建议，播放视频等于重温现场，听课老师和上课老师都能"回到现场"，而不是凭各自不完整的主观印象来说。⑤**分散教研**。以往，教研组的老师集中起来，一个老师上一节课，大家再议一节课。一周一次这样的教研活动已经很密集了。习课堂视频教研，本

周四位老师各自上好视频课，下周集中一节课评课，效率至少提高一倍。**⑥资料完整。**一学期几次习课堂教研课下来，前后对比学生的课堂状态、老师的课堂组织、课堂管理、课堂激励、课堂示范、课堂语言等。**⑦上课老师回看。**上课老师一般都会回看一遍自己的课。这个回看太重要、太有价值了。无数的老师一辈子都没有"看到"自己上的一节课。

　　手机时代，教研组买一个手机支架，手机拍摄即可。手机摄像不用去专用教室，自己班级上课更显家常课的本质。习课堂教研课，摄像头对准学生。习课堂是学生的课堂，习课堂主要看学生的读、背、写的专注度，一节课有几个学生开了几次小差，每次多少时间，老师发现了没有，过了多久发现了。全校性的习课堂评比，光换课教务处就头疼不已，学校骨干和行政组成的评委忙得连自己班的作业都来不及批改。习课堂视频教研可以解决这个问题。一周内老师们自行拍摄提交，周六上午组织评委半天评课，清清爽爽，干干净净。这是一个网络时代，这是一个音视频时代。习课堂教研要充分跟时代接轨。课堂管理口令比赛，习课堂朗读比赛，都可以用音视频，不仅节省时间和精力，优胜视频还可以发各班借鉴、学习。

后记

回　家

2008年评上特级教师，那一年我35岁。

我告诫自己，特级教师只是一个新的起点。

打开我的电子备课，你会看到"2008年11月《草原》教学设计一""2011年11月《草原》教学设计二""2014年11月《草原》教学设计三""2017年11月《草原》教学设计四"……

我要求自己常备常新。

而我不能不失败地承认，一节节的常态课上总有学生开小差，那些看起来端坐的学生，那些看起来也不讨厌语文的学生，我一次次从他们的眼神里捕捉到了恍惚与走神。

每天睁开眼我想的第一个问题几乎全是教育和学生；而我却害怕每一个期末考试的到来。

论教学观念，我真的比平行班老师先进。

论教学设计，我真的比平行班老师精彩。

论公开教学，我真的比平行班老师风光。

论敬业精神，连学生都说，管老师几乎每天都是前三个到校的。事实上，我还几乎每天都是后三个离校的。

论教学反思，我真的打遍全校无敌手。我每天写，2009年到2019年，我用寒暑假整理出版了《一线教师》《一线表扬学》《我的作文教学主张》《我的作文训练系统》等18本专著。这10年里，我的公开课从广东上到广西，从山东上到山西，从湖南上到湖北，从河南上到河北，从上海上到香港，从北京上到马来西亚……

可是，每一次期末考试我都充满了担忧。

一学期孜孜不倦的工作换来怎样的教学成绩？我只有惴惴不安。

这里面一定出了什么问题。

这里面一定出了什么问题。

这里面一定出了什么问题。

我努力寻找答案。我找不到能让自己相信的答案。

《一线带班》出版后，朋友说此书两年破10万。果然。《一线带班》什么都谈到了，唯一没谈课堂，一线课堂应该是什么样的。

一线课堂应该是什么样的？

一线课堂应该是什么样的？

一线课堂应该是什么样的？

有没有这样一种课堂，课堂纪律好了，开小差的少了？

有没有这样一种课堂，学习状态紧了，课堂效率高了？

有没有这样一种课堂，回家作业少了，考试成绩好了？

有没有这样一种课堂，每次期末考试都可以胸有成竹？

有没有这样一种课堂？有没有？

十多年来，我像一头蜗牛奔着山顶爬啊爬。有一天，我回头望山下的纷纷扰扰，突然想跳下山去。我知道这意味着什么。我知道。

可是，只有回到山下，回到地平线，回到最初出发的地方，家，家常课，人才踏实。

管建刚
2021年初冬，小雪无雪